法拍屋快樂賺錢術

勇敢．用桿 **新版**

法拍屋
快樂賺錢術

房地產，是要等便宜？等低點？然後再來等增值嗎？
錢，時間是不能浪費的！
掌握先機的人，才有條件賺得比別人多，
永遠比市價低的「法拍屋」，才能永遠買在最低點！

投資法拍屋
除了法令知識以外
最珍貴的就是經驗實戰

法拍真實 **20** 案例
暢銷重現

林廸重、方耀慶 ◎ 著

前言

隨著房市景氣翻轉，市場上瀰漫著低迷的觀望氣氛，現在很多人都不敢買房子，每個人心裡都在盤算著，「房市快要崩盤了吧？」、「再等一等，應該會更便宜！」這些話，我聽過很多朋友說，人同此心，心同此理，大家都想買在低點上，只是，何時才是最低點？沒人說的準！在這個房市的戰國時代，想賺錢，其實我根本不想等，我很早就知道，時間是不能浪費的，只有能掌握先機的人，才有條件比別人賺得更多。

於是，我從一開始投資房市，就很清楚，只有投資永遠比市價低的法拍屋，我才不用擔心買貴，才能永遠買在低點，更何況，在房市不振的時候，法拍市場就是整個房市的前哨站，因為只要景氣低迷，有人還不出房貸要跑路，或是投資客開始步上斷頭窘境，機會就是我的，說穿了，法拍屋就是個螳螂捕蟬、黃雀在後的遊戲，這些過度操作資金槓桿的投資客，物件一旦進入法拍，我就可以以市價七到八折買進，無論如何，已經贏在價格起跑點，景氣越低，我買的越便宜，轉手讓出，怎麼算都划算！

不過，天下沒有白吃的午餐，何況是看起來如此豐盛的午餐！誠如多數人所知，法拍市場爾虞我詐，比起一般物件買賣，只會有過之而無不及，畢竟被法拍的屋主多心有不甘，萬一點交碰上屋主不肯搬，甚至出現最可怕的海蟑螂，都會讓沒有經驗的法拍客，嚇出一身冷汗，這個遊戲的第一道門檻，就是心臟要大顆，碰上狀況，莫驚莫慌莫害怕，法拍靠的只是經驗，絕對沒有解決不了的問題。

而這本書裡，我把法拍入門客可能會碰上的各種狀況，一一羅列出來，裡頭的案例，都是千真萬確的真實故事，坦白說，入門之初，我跟大家一樣，也繳過不少學費，如果不是這些經驗的累積，怎麼可能化成甜美的成功果實？富貴險中求的道理很簡單，風險存在，利潤才會存在，問題關鍵在於如何把風險降到最低。

如果你問我，法拍賺錢的硬道理是什麼？我會說，機會是留給準備好的人，事前多做功課，絕對是殺敵致勝的關鍵，這本書，我想說的故事，不只是一本硬梆梆的法拍工具書，這樣的作者，市面上已經太多，我也不一定會說的比他們更好更精采，做為一個大膽的投資客，我希望這

本書的內容，可以讓想賺錢的法拍入門客，學著把心臟練大顆，甚至從別人的故事裡學到皮毛，看似簡單的分享過程，如果可以讓入門的新生，少繳幾百萬的學費，甚至早點把錢賺進口袋裡，在大家都不敢買房子的年代，我希望大家重新認識法拍這個新藍海，悠遊其中，肯定會有一番收穫！

推薦序

　　本書作者方耀慶君是我任職高雄大學法學院院長兼 EM LBA 執行長時所教過的學生，由於我兼任他就讀班級之導師，因而與他有較多相處的時間。耀慶君就讀高雄大學 EM LBA 期間，勤奮好學，為人謙沖有禮，尊師重道，與同學相處融洽。在他求學期間，於多次聚會閒聊機緣中，得知其對購屋理財有獨特之見解，並有多年來之實務操作經驗，優異之理財能力嶄露無遺。不久之前，耀慶君與我聯絡，其即將出版一本新書，書名為「勇敢、用桿、法拍屋快樂賺錢術」，希望我為他寫一本書序，並將該書之內文書稿寄給我。收到稿件後，詳加拜讀後，我發現此新書內容，對於投資購屋之重要議題有相當詳盡豐富的介紹，本書除介紹房屋物件應如何選擇外，並提供碰到購屋糾紛應如何處理之方法，尤其是實務常發生購屋後之點交房屋將如何面對與解決。由於購屋需支付一大筆資金，因而對一般人而言，無論購屋自住或是理財，均是一件重大的事項。因而，本書可以提供購屋者一個正確方向，讓購屋前能先做好功課，降低購屋的風險。諺語謂，「工欲善其事，必先利其器」，本書將是有意購屋者之絕佳輔助工具。

　　作者耀慶君能不藏私的,而將多年理財成功經驗,在本書中公開,實屬難能可貴。因為有一本好的書做參考,或能讓有意購屋者少走幾步冤枉路。本書所介紹之內容,雖不敢保證一定是最好的購屋方法,但我相信,這一定是耀慶君真心想提供給讀者購屋之秘訣。希望各位讀者能仔細閱讀本書,細細品味,小心求證,用心判斷,結合各位讀者的智慧,並與坊間其他購屋指南相對照,或許可以找出適合各位讀者本身最佳購屋的方法。

姚志明

前國立高雄大學法學院院長

德國哥廷根大學　法學博士

推薦序

　　和本書作者耀慶認識，是在就讀高雄大學創意設計及建築研究所期間，每週的論文 meeting 上。當時我們碩士班在職專班的同學無一不是在晚上結束工作後，匆匆趕到學校和指導教授進行論文寫作的探討，工作領域不同的大家順便在 meeting 結束後交換一下工作心得。當大家相互大吐工作苦水時，耀慶卻說他早已不必辛苦工作，而是靠著穩定的租金及房屋投資收益可以輕鬆應付一家人生活開銷，同時自己就有更多時間可以上課讀書、做自己喜歡做的事。大部分人讀書念學位是為了有更好的學歷與專業知識，以便謀求更好的工作與薪水；而耀慶卻是在已經不必辛苦工作的情形下，為了更加充實自己的投資知識而來念的書，兩相對照，真是帶給我不小的震撼。

　　法拍屋給一般人的印象不外乎是以低價買進獲取超額利潤，但其中牽涉複雜的法令知識，及各種光怪陸離交屋情況，從而令多數人望而卻步。在本書中耀慶和 104 法拍網的林迪重副總以自身實戰經驗，慷慨分享他們在法拍市場看盡的人生百態，這字裡行間分享的「眉角」，就是外行人看不到的「熱鬧」，內行人才知道的「門道」。可貴的是，

耀慶與林副總很實在的不忘再三提醒讀者，法拍屋固然有其高額利潤，但投資者自身要先做足功課，對相關法令的瞭解、談判技巧的運用、人情世故分寸上的拿捏，以及專業人士的協助等方面全盤性的掌握，才是法拍屋投資圓滿獲利的不二法門。

蘇琬婷

律師、不動產估價師

推薦序

　　有人說：「法院拍賣市場」是「一座永遠挖不完的寶山」，是「一條快速致富的捷徑」，法院拍賣市場果真是遍地黃金嗎？

　　依據統計，長期涉足此行業，不是大富，也有小康。

　　沒有大賺也有小賺，比起其他行業之投資報酬，的確有過之而無不及。

　　向法院買法拍屋，繳足全部投標價款，法院會核發不動產權利移轉證明書，保證產權清楚。但在取得所有權方面，原屋主拒不交屋或要求巨額搬家費等事件層出不窮；雖然法院公告有點交，可是冗長的點交程序，總讓一般民眾卻步，而不點交案件，更是棘手不知從何處理。

　　作者林迪重，自民國 92 年進入１０４法拍網擔任公司點交重任，除了與生俱來的談判天賦外，加上其個人用心及付出，十餘年來至今已完成公司點交個案逾 1,200 件；點交對象形形色色，有凶神惡煞的幫派兄弟，一哭二鬧三

上吊的潑辣婦人，更有百病纏身無路可走的債務人，林君總是運用他高度協商長才，帶領公司點交團隊運籌帷幄，讓每件得標房屋圓滿交到得標人手上。

　　此次，林君將他點交實例整理出書，書中內容均是法拍真實發生案例，希望讓讀者能進一步了解標購法拍屋的點交生態。

林德泉

透明房訊雜誌社　發行人

１０４法拍網股份有限公司　創辦人

推薦序

　　標購法拍屋，最難的莫過於－房屋點交。筆者分享十餘年來的點交經驗，想必精彩可期，什麼樣的現住人，要用什麼樣的點交方法，達到和諧交屋，這是大家最想知道的，本書著重實務點交經驗談，每個真實案例，讓讀者身歷其境，就像短篇小說一樣，您能想像到的跟意想不到的情節都值得您當借鏡。

　　大家都知道法拍屋便宜，但是如何趨吉避凶，如何圓滿又快速交屋，是一大難題，看完本著作，讓您快速進入法拍市場，進而從中獲利。

　　　　　　　　　　　　　　　　　　　　藍茂山

　　　　　　　104法拍網股份有限公司　總經理
　　　　　　　　台灣不動產拍賣協會　常務理事

推薦序

**房地產，在不了解的人眼中，是一種有錢人才能投資的商品。
而法拍屋，更是個美麗又讓人卻步的殿堂。**

在投身房產業之前，我也曾跟大多數的投資朋友一樣，總是想著，這些投資我根本買不起，幹嘛花時間學呢？

沒想到在陰錯陽差之下，還是踏上了這對我人生大為改變的旅程。

原來，房地產非但不是有錢人的專屬，還是年輕人快速翻身的捷徑！

在拙作《我在房市賺一億》問世之前，幾乎全台灣的房地產書籍，總是繞著台北轉。

所有有關房市的內容，都是千篇一律的 "台北投資學"。

其實，適合台北的投資方式，一旦離開這個房價增值世界第一的區域，其實通通不適用。

因為以個人投入房地產近十年的經驗來說，很多縣市的房地產，根本就不太有增值空間啊！怎麼能複製這些書上的買房增值，上漲模式呢？

又試問，如果你不是含著金湯匙出生，哪來的金山銀山讓你買房增值呢？

但還好，房地產的遊戲，玩的本來就不是增值空間與買進持有等待上漲。

真正厲害的玩家，在外縣市，一定可以賺取比台北市多 N 倍的利益才是！

耀慶，是一個南台灣的房地產投資達人，他的操作手法，除了有著超乎年齡的穩健之外，更加了幾分南部人的踏實。

法拍屋，是一般購屋者，那怕是業餘投資客都視為畏途的交易，其中又以不點交及共同持分利潤最高，但說穿了，那可不是沒有三兩三的人在玩的啊！

那麼多年來，台灣房市從來沒有一本書，用法拍投資客的職專業角度，再加上南部買賣的實戰經驗所結合成冊的。

一本書只需要幾百張紙，卻把我們投資客無數心血結晶披露無遺，這是多了不起的成就呢？要知道，當今社會，會賺錢的大有人在，但真的願意公開自己賺錢方式的，卻寥寥無幾啊！

我們彼此都有一個共同的想法，人活一世，草木一秋，當已經不再為五斗米折腰時，能夠為這個社會帶來點什麼翻天覆地的改變，才是人生最高的價值。

當耀慶找我為他的新作寫序時，我二話不說就答應了。

因為，這本書一旦問世，可說是又打開了一層房地產界神秘的面紗。

各位朋友，接下來請快翻開本書，享受耀慶用最平凡的文字，帶你們走進最不平凡的法拍世界吧！

月風

《我在房市賺一億》作者
富豪居集團創辦人

勇敢

Part 1　入門個案

進入法拍的投資領域，基本法律、價格查訪與競
價技巧必須先熟知……

1. 投資客新藍海　法拍入門有撇步

Part 2 點交個案

避免不了的常見問題，碰到海蟑螂、搬遷費、留置物、屋主抗拒……各種疑難雜症該怎麼處理？

Part 3 不點交的門道

租約、地上權、持分權、合併物件……更可觀的
利潤，藏在您懂得如何靠法律來幫您排除萬難！

Part 4　特殊情形案件

填錯標單、凶宅……還有哪些不確定的風險和機
會？他人寶貴的經驗案例也是自己未來的財富！

Part - 1
入門個案

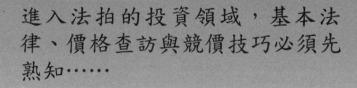

進入法拍的投資領域，基本法律、價格查訪與競價技巧必須先熟知⋯⋯

投資客新藍海
法拍入門有撇步

　　「房市緊縮，還要靠買賣房子賺錢，有這麼容易嗎？」這是很多投資客的疑問，因為這幾年，政府打房的動作越來越大，小型投資的生存空間，也會受到空前打壓，該怎麼應戰？其實，眼尖的投資客，早就看到法拍商機，這塊投資新藍海一開，讓很多手握現金的投資客再也無法回頭，因為法拍市場的入手價格低，利潤空間更具想像力，想賺錢，富貴險中求，一定能有所斬獲！

法拍風險高、背景雜
投資客富貴險中求

　　其實，法拍市場已經行之有年，絕對不是新的投資趨勢，只是一開始，台灣的購屋風氣相對保守，連投資客都

小心翼翼，大家寧可去買有房仲簽約掛保證的安心宅，這種充滿未知數的法拍屋，很多人都能不碰就不碰，舉例來說，有的法拍屋連看都不能看，只能憑書面資料看到地段、坪數與格局，試問，光憑想像力買房子，是不是有點太冒險？

更讓一般自住客裹足不前的，還有法拍屋複雜的背景，手頭沒錢了，房子才會被拍賣，要叫住在裡頭的人搬家，他們當然是心不甘情不願，如果住的是屋主，還可以跟當事人面對面說清楚，最怕裡頭住的是張三李四，來歷不明，萬一一開門，是個橫眉豎目的彪形大漢，一般購屋客能不怕嗎？

最可怕的是，中國人篤信風水，有些購屋客會說，法拍屋的主人，住到房子都保不住了，「這樣的物件，光想就覺得很衰，買了對運勢似乎不大好耶！」乍聽之下，實在讓人有點毛毛的，買房子這檔事，明明應該是喜事一樁，搞的像在探險一樣，對多數的人來說，的確需要再三商榷！

這些，都是一般買屋客不敢輕易搶進法拍屋的原因，但，法拍真有這麼可怕嗎？房市海海，有些代誌，要貢猴

勇敢

你聽！買賣過房子的人都知道，低價購屋，逢高出脫，是賺錢入袋的不二法則，身為專業投資客，我深諳富貴險中求的道理，更何況只要做足功課，買法拍屋不一定有這麼危險！

低價購入逢高出脫
法拍成投資客新歡

首先，有錢賺，當然是犯險最大的誘因！我們先從法拍賺錢的利機先談起。買房子要怎麼賺的更多更大？萬變不離其宗，當然就是把成本拉低，一樣的物件，取得的價格越低，賺錢的空間，當然就越大，法拍市場能越做越大，背後支撐的，就是這個硬道理。法拍價錢為什麼會低？話說白了，就是手頭失靈的人，繳不出房貸了，或是債主臨門，還不出錢來，法院才會依法強制拍賣，這樣的房子，當然會低於市價，聰明的投資客逢低搶進，贏在起跑點上，要賺錢自然遊刃有餘！

　　要挑最便宜的，得從法拍屋的性質說起，如果物件單純，屋主欠錢拍賣，可以由法院直接點交，相對來說，這就算是比較簡單入手的物件，通常一拍就有機會賣出，價格就會高一點，要賺錢就是這麼妙的一件事，越簡單達陣的，能大賺的空間就越少。

　　一般來說，法拍屋的價格，依照拍定時間不同，會有不同的變化，舉例來說，如果一拍的價格是一百萬，一開始的價格，通常略高於市價，除非有人特別喜歡這個物件，很容易流標，不過，物件既然已經進入了拍賣市場，怎麼可能空手而歸？等到近二十天後，法拍物件進入二拍，這時，價格會再打個八折，價錢就更平易近人了，如果二拍物件爭議不大，通常就會被眼明手快的投資客會自住客相中，便宜成交出場。

人家不愛我偏要！
（特拍）物件利潤可觀

　　問題來了，房子二拍賣不掉，就會直接進入三拍、公告應買、四拍，為什麼就是沒人買？道理很簡單，大家都想輕鬆買屋，簡單成交，如果房子的履歷不佳，人同此心，大家都不會想買，就像之前說的，房子明明拿出來拍賣了，但法院無法點交，這背後的原因有很多，像是屋主租給房客了，所有權還沒搞定，買了這樣的房子太麻煩；或是屋主還另有債主，霸著房子不肯放，買到這樣的房子，要自己去點交，想到就頭皮發麻！

　　但，會賺錢的投資客，他們就愛這種物件！剛剛提到，百萬起跳的物件，進入二拍後，立刻打了八折，三拍更便宜，80 萬還可以再來個八折，只賣 64 萬，等於是原價的六四折，怎麼樣？很誘人吧！這就是法拍屋的魅力所在！不過，當法拍程序進入三拍流標後，價格將不再打折，會以三拍的價格做為應買底價公告三個月，換言之，在這

90 天內具狀應買的人，就是能夠以三拍的價格承買，一般拍賣都是定時間比價錢，唯獨公告應買是定價錢比時間，所以一但選定要出手就必須注意應買日期，越早送應買狀，得標機率就會相對提高，如果 90 天都沒人應買，就會再以三拍底價再打八折，做為四拍的底價。

發現沒？從法拍流程來看，一拍、二拍就賣出去的房子，當然屬於相對搶手的物件，這類法拍屋通常經過法院點交，房子的地段與機能都有一定品質，嗅覺敏銳的法拍客趨之若鶩，但取得價格也相對較高，為了賺取更多利潤，現在的法拍投資客更聰明了，只要是優質物件，就算沒有法院點交的流程，他們也願意入手，甚至更樂於承接，只要有利可圖，投資客用更多心力，一分耕耘一分收穫，以換取更多賺錢空間。

法拍屋價低
僅市價八至九折 備足子彈可進場

乍聽之下，一切似乎很完美，不過，隨著市場轉變，加上法拍資訊的透明化，法拍屋的買賣利潤，也產生了轉變！坦白說，過去的法拍利潤真的很高，比起同區域類似的物件，法拍屋的價格大約只要一半，只要不怕法拍背後的風險，買了幾乎就等於賺到，但這幾年房市大熱，別說是一般物件，法拍物件也有如神功護體，漲幅一飛沖天，想要插足搶進這塊藍海的人，也越來越多！

於是，以現在的法拍價格來看，精華區域的法拍物件，大約是周邊行情的九折，如果地段差一點，最多也是同區域同類型物件的八折，儘管如此，在房價高漲的年代，法拍屋的價格，和一般市場的房屋價格相比，仍屬相對有競爭力，讓投資客有更多空間賺錢；此外，法拍市場的物件，價格通常一日三變，景氣的翻轉說變就變，要挑對時機進場，否則，利潤空間失之毫釐，卻差之千里，如果不

是做足功課的買家，很容易誤踩地雷，能賺取的價差可能又更少了。

在現金流方面，法拍的自備款跟一般買賣物件差不多，只差在拍定後需於七天內補足尾款這對普通首購客來說，就是一道不小的門檻。首先，買家一旦投標，就得必須準備拍賣底價的兩成價金的銀行本票做為投標壓標金，尾款也必須在七天內，以銀行本票付清，約 15 天後，再由法院發出轉移證書，就可以進行過戶流程，同時點交程序才正式開始。

這一章，我先簡單帶大家走進法拍的世界，在房價漲不停的當下，法拍屋絕對有利可圖，房價較低，門檻卻也較高，要跨越門檻，還要保有利潤空間，這張法拍入場門票，就是得手握一定的資金，並且有程序有步驟的突破各個問題難關，從選屋到點交，甚至到將法拍屋廢土變黃金，投資客怎麼做？關鍵在於累積經驗！

勇敢

法院其實就是一個合法的房地產交易場所，
投資法拍屋是可以賺到錢的。

挑選賺錢物件
法拍獲利如探囊取物

　　大家都想靠房地產翻身賺錢，買法拍屋的人，更是賺錢心切，才願意買人所不敢買，直接挑戰最複雜的房市投資物件！既然如此，法拍客一定要一舉中的，不容有失，這一章，我們就直搗核心，從怎麼挑選賺錢法拍屋說起，挑選物件，說難不難，最核心的關鍵，還是跟一般房子一樣，從地段優質的房子挑起，只要地段夠好，當然就有相當獲利空間，但法拍屋的性質，跟一般物件還是略有不同，疑難雜症更多，只有對症下藥，才能化險為夷，穩穩把錢賺入口袋！

法拍屋無法看屋
物件外觀、地段看仔細

　　首先，要跟大家分享的第一個觀念，就是法拍屋沒得看屋，乍聽之下，買法拍屋好像真的很沒保障，只能碰運氣，不過，也不盡然有這麼悲觀，因為進不了房子裡，還是有一些方法可以做基本的功課。首先，跟買一般物件一樣，如果可以，應該自己親自到附近的環境看看，而法拍屋由於不能進屋細看，看外觀這件工作，就變得更為必要且關鍵，能看的越仔細，就千萬不要放過任何細節，把風險降到最低。

　　至於該去哪兒看才知道有法拍物件？一般來說，從司法院法拍公告或民間法拍屋資訊網站，例如：104法拍網、透明房訊等知名專業法拍屋網站就可以找到，眼見可以為憑的，不外乎是物件的新舊程度如何？以及附近的居仕族群為何？以及居住的環境是否優質？就連建設公司的品牌，也是一大關鍵！到了現場要看清楚，像是外觀會不會

太過老舊，如果房子舊到一看就很糟，勢必得花一筆錢重新大整理，這樣的法拍物件，買的再便宜，也不划算；萬一房子在路沖，不只在風水上有影響，也可能有安全問題，脫手也可能有困難；至於裡頭有沒有人住，從晚上的開燈狀況，問周遭鄰居或查一下水電使用狀況，就可以一窺究竟，點交的時候，心裡也能有個底，基本上，只要是你看了喜歡，人同此心，將來要脫手賣給別人，相對也不會太難，價格也才有往上調升的空間。

另外，我也特別重視法拍物件附近，有沒有大型公共建設的題材發酵，像是周遭有捷運、學校、大賣場、傳統市場、百貨公司或大型展覽館進駐，光是這些，就足以吸引人潮與錢潮，接著入住需求就會湧現，將來要賣屋，絕對不用發愁，以上均是價格保證，房地產的基本鐵律，永遠不變的三個定率就是地段！地段！地段！

法拍屋資訊長在嘴上
多問多打聽準沒錯

　　此外，光用肉眼看，還不夠清楚，一定不要懶惰，多開口問一問。我常常跟朋友分享的例子，是幾乎每條巷子裡，都會有一個沒什麼事的老太太，他們通常會坐在門口曬太陽，一碰到熱情的陌生人，她們的心情特別好，因為好不容易有人來跟她聊聊天，於是，這些老太太們，都會之無不言、言無不盡，像是這棟樓是否有買賣？賣多少錢？她們都會如數家珍，萬一話題聊開了，她們連屋主為什麼欠債？還有誰住在裡頭？亦或是已經跑路了？甚至養的狗叫什麼名字?老太太們都會一一分享，對於法拍客來說，這門功課，真的是再重要不過了，補了這些資訊，房子能不能買，裡頭住的是老鼠還是老虎，不要傻傻分不清楚，這樣拍定後點交有沒有問題，我們很快就能了然於心。

　　至於這個物件的使用狀況如何？也可以透過管理員問問看，像是裡頭住的人是誰？房子是否發生過非自然死

亡？這些都可以避免買到人人避之唯恐不及的凶宅，沒有房仲保證的物件，自己要把功課補足，盡量把訊息問清楚，以免交屋時，跟想像落差太大，後悔莫及。

聽起來，法拍跟一般房子沒兩樣，就是地段與環境，但最大的不同是，因為法拍不能看屋，因此，跟一般人看房子不同，至於內部是否有裝潢不用太在意，所以要有心理準備，等到成交，一進入屋子，可能會恐怖到令你無法接受，但，只要想想，買房子的價格已經比別人低了，屋況再差，只要花時間裝潢，把成本控制在合理範圍之內，總體而言，買法拍屋的支出，還是比買一般物件划算，不要太被眼前的假象限制住你的投資眼光！相對的如果有裝潢那恭喜你了，可以將成本再壓低獲利更高。

入門客別碰「不點交」物件 老手方可富貴險中求

除了環境優劣，我還有個個人投資訣竅，一般來說，大坪數的法拍屋物件，或好幾間合併拍賣的案件，市場較

為少見，通常一出現大坪數的案子，當天，有經驗的法拍客都會趨之若鶩，理由很簡單，通常有錢的口袋較深，需要賣房子套現的人不多，因此，物以稀為貴，要高價脫手賣出的空間也較大，舉例來說，帝寶的頂級豪宅地位，無庸置疑，記得嗎？它每每有物件丟出來出售，都會引發市場熱潮，引發有心收藏的富豪階級聞風而至，因為它的釋出量少，又能代表尊爵地位，價錢再高，都會有人用天價搶購。

此外，前一章才跟大家分享過，沒點交的法拍屋物件，通常價格更便宜，不過，對於初次入門的法拍客，避免碰上麻煩，強烈建議，先從法院有點交的物件入手，把風險降低，因為不點交的房子狀況多不說，交屋時間通常也會拖的比較久，一開始標到物件，法院規定，要在七天內繳付尾款，有點交的案件可以尋求銀行貸墊貸款，但很多銀行會因為沒點交的風險多，而不願意貸墊貸款，所以，除非是手握大把資金的好野人，一般人怎麼可能這麼快拿出這筆錢？這對買法拍的人來說，其實也是一大門檻，錢不夠、沒經驗的法拍客，還是先由淺顯好入門的「點交宅」開始買，比較不容易踢到鐵板！

　　至於有經驗的法拍客，當然要學著富貴險中求，幾年前，我看上一間台南的法拍透天厝，因為它的地段、交通都不錯，一發現，我就鎖定這個物件，志在必得，不過，詳細了解之後，我發現它背後卻大有問題，因為這間透天厝的產權複雜，遭法拍的屋主，只擁有一半產權，換句話說，就算我標到了，也只有半間房子的所有權，法拍本來就已經夠麻煩，像這樣的產權複雜宅，更是麻煩中的麻煩，一般人怕糾紛，根本連碰都不敢碰，只有在法拍屋市場打滾過的人才知道個中訣竅，也才賺得到錢。

　　首先，第一個可能遭遇的問題，就是得跟另一個擁有產權的人競爭！因為根據法令規定，當多人持份的物件要拍賣，擁有產權的另一人，有優先承購權，因此，既使得標後法院必須先確認另一人有沒有意願購買，才能決定這個物件是否得標，畢竟萬一是素昧平生的買到了，對另外這名屋主也很頭痛，房子裡的空間可以對半分嗎?，馬桶、洗臉台等這些家用設備，總不能一人一半吧？跟不認識的人住在一起，更是一件不可能的事，這些問題，光想就很棘手。這種土地持分不完整的情況，根據土地法第三十四條之一，其它共有人有優先承購權，所以在拍賣時，公告會註明拍賣持分，拍定後不點交，共有人有優先承購權；

依據法院拍賣實務生態，這種案件因產權不完整，又有優先權問題，進場投標的人少之又少。

我很幸運的是，當時另一名產權持有人無意購買，於是，我用 198 萬的價錢，買到這間透天厝一半的產權後，再經由法院變價分割方式以產權全部交由法院拍賣，後來，證明我的眼光精準，這間房子拍賣了 1,200 萬，對分過後，我直接進袋 600 萬，扣掉成本 198 萬，我等於獲利 200%，賺了 400 萬！

權狀不清易惹爭議
瑕疵屋法院無告知擔保義務

這個故事聽起來很誘人吧？我的確因為眼光精準，賺到利差，不過，這種物件，在法拍市場上，仍然屬於相對麻煩的房子，畢竟要歷經好幾個程序，如果不是對方無意優先承購，我也很難買到這間房子，就算買到了，還要經過訴訟，也很容易被套牢，這是一個好運氣的投資，但，可不是每一次手氣都可以這麼旺。

　　所以，我建議大家，剛剛進入法拍市場，最好不要碰這種產權複雜的物件，像是多人持份的房子，或是只有房子卻沒有土地權狀的房子，買了脫手都不容易，或是沒辦法拉高價錢賣，這些都是法拍入門大忌，能不碰就不要碰。

　　此外，還要小心買到瑕疵屋。法拍物件跟一般物件最大的差異，就是法拍屋沒有仲介簽約掛保證，絕對沒有海砂屋、輻射屋，或是大家最怕的凶宅，因為法拍屋是由法院決定拍賣，法院不負責瑕疵擔保，更沒有告知義務，加上法拍屋無法事前看屋，只能透過法院提供的公告資訊或民間 104 法拍網、透明房訊等知名專業法拍屋網站，窺知物件的價值，在一個近乎瞎子摸象的情況下，萬一買到的房子真的是嫌惡設施宅，買到的法拍客只能投訴無門，自認倒楣。

法拍漫談

不點交的法拍物件，得標者若無法取得不動產的
實質占有，沒有處分權就沒有利潤可言。

 **精選賺錢法拍屋**
法拍聰明訪價停看聽

　　前幾章，我就開宗明義的說，買法拍物件的投資客，看上的就是這種物件價格便宜，有利可圖，不過，該怎麼做好事前訪價？這攸關投資獲利空間，這是所有法拍入門客一定要懂的一門課！我建議，資訊來源千萬不能太單一，大致可以分為官方、民間兩個方面，交叉比對，除了能確保資料正確，也能列出一個可以接受的價格範圍。

實價登錄先訪價
　　　　開價八折起殺

　　很多人問過我，「法拍屋複雜又麻煩，為什麼我特別喜歡法拍屋？」問這個問題的人，多數是法拍的外行人，只知其一、不知其二，就怕買法拍屋會惹上麻煩，但，要

知道這個答案，我只要分享一個概念就好，大家都知道，房地產這幾年被炒得無法無天，買不起房子的人哀鴻遍野，試問，這個時候繼續追高，還能賺到錢嗎？

答案很明顯，跟著潮流炒一般房市，競爭激烈，當然難以殺出重圍，而法拍屋市場就像是批發市場，它是房地產的先期指標，當房市不佳、買氣不振的時候，法拍市場就會反其道而行，物件如雪片般湧入，這時，就是入場法拍的絕佳時機！問題是，該怎麼從當中挑到賺錢物件？這當然得靠經驗累積，做功課是最關鍵的方法。

雖然法拍屋利潤空間較大，但，要怎麼出價？我之前就說過，類似的區域物件，法拍屋的價格，可以打個八到九折，在房價高漲的時代，這其實相當吸引人，因此，這幾年，喜歡買法拍屋的人越來越多，但出價如果不謹慎，小心！還是有可能買貴，我建議，看到喜歡的房子，可以先到官方**實價登錄網站**或民間 **104 實價網**上訪價。

往南越便宜！
高雄法拍屋六、七折開殺

　　不過，提醒有意搶進法拍的入門客，實價登錄的價格，只能當作參考，尤其不能參考區域最高價，因為這種高價，有時候是特例，如果直接拿來八到九折出價，可能只是剛好落在區域均價上，買到這種價格的法拍屋，幾乎沒省到錢，也失去買法拍的初衷！因此，做足功課後，要以一般市場成交價格為基準，大膽出價，如果物件地段夠好，九折出價，通常就在行情之內，地段稍差的，則有機會八折入手。

　　但這樣的出價方式，往南台灣走，又不一樣了！因為八、九折起殺的行情，多數落在北台灣，如果一路南下到高雄，法拍行情又不可同日而語，畢竟南部的房價較低，我通常會依市價打到六、七折，而且心腸要夠硬，一坪市價十萬的物件，我最多只願意出到七萬，單坪價格高到八萬，倘若高過這個價格，切莫太過強求，以免成了冤大頭！

用實價登錄訪價，算是最常見的手法，很多一般的看屋客買房子出價之前，也都懂得用這個方法，做價格最後確認，對很多買房子的人來說，實價登錄上路，的確改變了過去房市長期不透明的生態，但，相較之下，法拍的市場更加曖昧不明，稍不留意，更容易誤踩地雷，最好還是得多做功課，才能再買一層保險！其實，資深法拍客都知道，市場上有不少法拍行情網站，可以提供極具參考價值的訊息，只要交叉比對、詳細比較，都能有所斬獲！

精選專業法拍網
進階詢價交叉比對

這樣的資訊來源，包括官方與非官方的，最常見的官方法拍資訊，當然非司法院法拍網莫屬。這個網站，不用付費，簡單登入，是大家都可以看到資訊的公開園地，而且是幾乎所有的法拍物件都能找到，只是，對一般人來說，這個網站資訊太艱澀，專業的法律用語過多，很多人有看沒有懂，就連計價單位用的也跟大家不太一樣，房地產慣用單位是「坪數」，但這個司法院用的「平方米」，換算繁複麻煩，我個人實在很不愛。

勇敢

　　我的訪價小撇步，是找一些民間版的專業法拍網站，當然，羊毛出在羊身上，這類網站通常要付費，但出來混的，這點錢千萬別省，畢竟買房子不是小錢，我常用的法拍網站，像是 104 法拍網、透明網訊、104 實價網等，都是資訊相當清楚完整的訪價資訊來源，光是它們的計價單位，用的就是大家慣用的「坪數」，這對拍客來說，就簡單輕鬆不少，加上他們資訊完整快速，只要有過法拍成交紀錄，不管是有合法權狀的保存登記宅，或是未保存登記的透天增建、鐵皮屋，或是不合法的違建，都可以在網站上找到公開價格！

　　如果選中的物件，附近類似物件沒有法拍交易紀錄，也不怕！只要周遭有房子售出，凡賣過必留下痕跡，都有一定參考價值，一般而言，可從旁邊約兩公里以內的法拍價格參考起，交易時間相差兩年左右的，都有參考價值，屋齡也不能差太多，差距前後約十年內的物件，都可以拿來比價，不過，比較價格的基礎，必須建立在是相同屋況的情況下，比如公寓跟大樓就不能完全類比，兩者價格仍有一定差異。

法拍以使用空間計坪
買賣價格別錯算

　　透過官方、民間的網站，都可以看到物件的公開資訊，不過，有些入門客不知道的新手必知，也不可以忽略！舉例來說，買賣一般房子，我們在房仲網站上，都可以看到的坪數資訊，在法拍屋的領域中，卻略有不同，因為法拍屋標示的坪數，是所謂的「可使用的實際坪數」，而不是「權狀上的法定坪數」，這兩者之間，有很大的不同。

　　法拍屋不同的是，當法院拍賣查封時會配合地政人員再做一次測量，如有增建的部份會列入筆錄，也會編列一個臨時建號，以做為拍賣鑑價之用，稱之為未保存建物，講白一點就是俗稱的違章建築，簡單來說，同樣是一間一樓外推的房子，一般的買賣物件，會告知買家的事權狀上的法定坪數，如果權狀寫的是 30 坪，仲介會賣給你的價格，就是單坪售價乘以法定坪數，白紙黑字，寫得清清楚楚；至於法拍網站上揭櫫的坪數，則可能加上了外推之後

增加的約 5 坪空間，加上原來的法定權狀 30 坪後，會賣給法拍客的，應該是 35 坪的大小，因此，入門的法拍客，千萬不要算錯這筆帳，誤以為權狀坪數有那麼大，雖然使用空間變大了，但畢竟是未保存的空間，怎可以跟有權狀的坪數相提並論，全當成有權狀之建物，而傻傻的在總價加碼，還以為自己買到便宜的法拍屋？這可是入門客的大忌，不可不慎！

　　不過，也不是每個可使用空間，都可以列入法拍可使用坪數計算，像是頂樓加蓋在公共空間，通常就不能當作法拍計價坪數，這又是為什麼？通常法院筆錄會註明，本件建物未辦建物所有權第一次登記，不能依權利移轉證書辦理所有權登記，是否屬違建或有被訴請拆除之虞，請投標人自行查明注意，由此可見，畢竟是違建，只要是鄰居通報，有隨時將面臨拆遷爭議的使用空間，都不能算是合法使用空間，換言之，像是既成違建，已經過了拆遷時限的，或是一樓住戶可以合法使用的外推空間，則都可以列入法拍計價坪數，這兩者有明顯差別，在訪價之時，一定要仔細詢問清楚，才不會蒙受損失。

法拍漫談

法拍屋的潛在利潤，競標者可得仔細評估
每個案件與市價的差價空間多寡？

4 做好功課再出手
精準出價最靠譜

　　法拍比一般房子來得便宜，大家已經有了基本概念，知道行情之後，接下來，就是在拍場上精確出價，要怎麼出手，才不會一時錯手出太高，導致賺不到錢，或是出價技巧不夠純熟，不小心錯失賺錢機會，這當中，還有更多經驗法則，只要掌握箇中訣竅，要賺錢，才能站穩腳步！

事前訪價做功課
上場出標有恃無恐

　　在法拍市場出價，心理戰很重要，不想賠錢，又要成功標到物件，怎麼出到正確的價格，難度可不低，這裡頭，有基本規則！像是幾年前，我幫阿姨標一間位在高雄五福路的法拍物件，因為它的地點極佳，就在漢神百貨附近，

這棟建物的三樓是 KTV，七樓是補習班教室，商業性也夠，當時，我一看就知道會賺錢，於是我下定決心，一定要幫她得標。

決定之後，我利用時間去拜訪管理員，得知這的物件的屋主，是一個鋼鐵廠的老闆，這個屋主進出開的都是賓士，就算房子拍賣了，人也還是住在裡頭，管理費也按時繳納，幾乎完全沒有異狀，我一聽就安心了，因為可以確知他是一個安全的法拍賣家，看起來不會惹太多麻煩，交屋的狀況應該可以相對平順，接著跟管理員細聊之後，還知道屋主在民國 70 年購屋時，花了三百多萬，但房子舊了，屋齡已經近 40 年，因此拍賣價落在 150 萬上下。

得到出價訊息後，我心知 150 萬太便宜了，非買不可，但是它的地段實在太好，想用 150 萬得標，幾乎完全不可能，依據經驗法則，如果想要得標，起碼得出在 170 萬，萬一出標的人太多，至少要出在 190 萬，如果只是想賺錢，一般法拍客多數會出 170 萬，但眼看競爭激烈，我決定出高價 190 萬，希望打敗競爭者，一舉得標，果然，當天競爭者眾，大家磨刀霍霍，都想得標，因為我的事前訪價做得夠完整，順利以最高標標得物件。

優質物件拉高價也賺
一般物件取中間值開價

因為眼光看準了，只差 20 萬，我卻能打敗競標者，後頭的利潤可期，成交後半年，我幫阿姨把物件裝潢完成，並且隔成套房出租，不說你一定不相信，我在滿租後把房子賣出，竟然賣出了 550 萬的價錢，扣掉裝潢支出，我讓阿姨賺進了將近 300 萬！聽起來簡單，呼應前一章的功課，我事前當準備好了，到了拍賣場上，自然有恃無恐，因為沒人比我更了解這個物件，出價精準，自然不在話下。

這個例子，不是要大家追高，而是要每個法拍客都學會做功課，這是出價的最重要根據，讓你上場不會誤判情勢，如果不是太喜歡的物件，我則建議大家，出價要有節奏，比底價高一點，才有機會得手，如果物件不是太優，出價也無須這麼用力，如果底價 230 萬，以 20 萬做為一個間距，出 250 萬，有機會得標，但 270 萬就是相對高標，那麼我會建議，出到 250 萬即可，得之我幸，不得我命，

一切隨緣即可，不夠優質的法拍物件，每天為數不少，這類物件，謹慎出價，取其中間值，才有獲利空間。

另外，拍賣的入場時機也很重要，一拍就進場標到的物件，價錢通常比較高，因此，二到四拍買到的法拍屋，價格已經下滑了，買了相對划算，換句話說，如果你是一拍就買到，而且出標單的只有你一人，很可能就算是買貴了。而房子的價值，除了地段，還要看它有沒有附車位，或是是否有新穎的裝潢，甚至樓層的高低，這些都影響物件的附加價值，要精準出價，買到便宜，很多細節步驟都不能大意，尤其要避開地雷法拍屋。

出價別小家子氣！
尾數填足 以免敗北徒呼負負

切記！法拍市場每天都有為數不少的物件，要從中抽絲剝繭，挑選出賺錢物件，已經是一件不簡單的事情，要精準出價，更是不容易，出的太高，買了無利可圖，就算入手也沒用；出的太低，競爭者眾，差之毫釐、失之千里，

也會白白錯失賺錢機會，因此，要怎麼訂出投標價，也是不容有失的關鍵。

這樣說，還是有點抽象，我直接把自己的慘痛經驗拿出來跟大家分享！舉例來說，我之前曾經看上一間在高雄鳳山的透天厝法拍物件，當時已經到了第四拍，我雖然未必勢在必得，但也有極濃厚的興趣，等到標價訂出 580 萬的價格，我立刻出價，在標單上寫下 580 萬 1,900 元，滿心以為，已經高於底標，應該可以順利標下，殊不知，對手更精明，出了 580 萬 8,900 元，僅僅 7,000 元的差距，居然就讓我錯失標到物件得機會！

這個例子是要告訴大家，既然要出價，應該盡量要避開吉利數字例如 2、6、8，而且一定要再加尾數，不要為了幾千塊計較，法拍老手深知個中訣竅，通常決勝點，就在這幾萬，甚至幾千幾佰出價的尾數，也可避免開標出同價的窘境，我就曾經看過因為沒加尾數，造成同價得標的投標人，比較有良心的法官會當場發紙條要雙方再加價，誰加的多就誰得標，另一方式是當場喊價，在眾目睽睽之下，你一句我一句的喊價，在輸人不輸陣的心理作用下，往往都會比原本預算多加了不少，不管什麼方式，相信都

是大家不想遇見的，所以可見尾數的重要性了，絕對要寫滿；此外，出價千萬要看行情，舉例來說，第三拍的時候，就已經有人出過 580 萬，如果第四拍還出 520 萬、530 萬這樣的價格，基本上，絕對不可能得標，做這樣的白工，毫無意義，標法拍屋的規則是一翻兩瞪眼，出價就算只差一塊錢，輸了就是輸了，敗者為寇，真的沒有什麼好說的，因此，如果真的很喜歡這個物件，出標時就要仔細評估，承受風險。

盲拳碰上老師傅！
碰上墊價法拍客　立刻撤手莫留戀

法拍屋的性質，跟一般物件，當然略有不同，不過，買房子的道理萬變不離根本，如果是你特別喜歡的物件，當然就算貴一點也想買，碰到這種心頭好，很多法拍客，就不一定會像之前說的規則，斤斤計較，或是不斷比價討論，碰上這類客層，我建議，除非你也這麼喜歡，而且非買不可，否則，過度追高的結果，就是會影響獲利，最後不要在這種時候有意氣之爭，跟錢過不去。

這種狀況，我就碰過很多次，比如底價 580 萬，有人就是硬出了 700 萬的價格，這種出法，通常不是很喜歡這個房子，就是經驗不足的自住客，這些喊爽的自住客，他們可能在外頭看到同類型物件，價格遠高於法拍屋，這種價格，對他們來說，還是比市面上的物件來得便宜，他們還是願意出這樣的價碼，不然就是到了投標室人滿為患，以為全是來標這一間的，諸不知同時有好幾間同時拍賣但，我們是法拍投資客，將本求利，成本絕對不能墊高，盲拳碰上老師傅，這時，我也只能陪標，不會打無謂的泥巴仗。

其實，法拍賣場是個很有趣的地方，什麼光怪陸離的事情都有，我也曾經碰過，有位老兄就是很想買某個物件，但碰上對手不斷糾纏，雙方開價好幾回，眼看場面越來越火爆，於是，這位老兄私下去找對手，嗆明「我願意直接給你 20 萬，希望你能放棄出價，不要再往上喊了！」碰上這種情況，很多人都會乾脆棄守，為什麼？因為人家既然這麼想要，往上墊價，只是增加購屋成本，這對投資客來說，當然百害而無一利，就算成交，賺到的都是銀行，真的沒有必要！

　　這種狀況，我一年總會碰上一、兩次，但，法拍市場就是整個房市的小縮影，什麼狀況都會有，我能分享的，只是其中某些狀況，而這裡頭的學問千變萬化，要能應變得游刃有餘，一切都得以「獲利」，做為最大依歸，事前小心訪價，現場謹慎出價，不用逞強鬥狠，因為每天都有新的物件湧入，法拍市場不缺好的物件，就看你怎麼挑選一個對的時機出手！

勇敢

法拍漫談

　　好的法拍物件，競標者也會不惜成本搶標，因為不論機會賺多或賺少，只要沒得標，什麼都不用說了！

Part - 2
點交個案

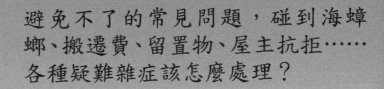

避免不了的常見問題，碰到海蟑螂、搬遷費、留置物、屋主抗拒……各種疑難雜症該怎麼處理？

5 牛鬼蛇神齊聚！
點交怪象多 見招拆招莫慌

點交這檔事，說可怕不可怕，但儘管我已經身經百戰，沒什麼可以嚇倒我了，但，光怪陸離的點交故事，還是層出不窮，每次碰到，都是一次挑戰！基本上，我建議一般法拍入門客，如果沒有經驗，可以花點錢，交由代辦點交的公司幫忙處理，不用第一線面對海蟑螂，也可以加快交屋進度，要買法拍屋，真的沒有這麼困難。

**職業海蟑螂逞兇
喊打喊殺最棘手**

我們最常在媒體上聽到的，是死都不肯搬走的海蟑螂，他們的招術都差不多，不是要死要活，就是找黑道來嗆聲，碰上這些狀況，一般人哪可能不怕？畢竟買房子是

喜事一件，鬧到有人死在房子裡，或是喊打喊殺的，實在很難看！不過，碰上惡霸型的海蟑螂，千萬不要一昧息事寧人，還是有很多方法，可以化險為夷。

我碰到最瞎的，就是原屋主花錢找海蟑螂幫忙，想要跟法拍屋主要錢，想也知道，這些職業海蟑螂的背景，幾乎都是黑道兄弟，只要法拍屋主一上門，什麼嗆聲的話都說得出口，好在當時法拍屋主聰明，立刻找了代辦公司幫忙點交，這群刺龍刺虎的兄弟，一看到我們，當然知道我們是代辦公司，有經驗也不好惹，本來想獅子大開口，但自知理虧，最後只花了 5、6 萬，就讓海蟑螂同意走人。

但，沒想到，事隔幾天之後，原屋主居然打電話給我，請我幫忙跟海蟑螂協調，希望他們高抬貴手，原來，海蟑螂拿到錢之後，告訴原屋主，除了收原本協議的拆帳方式外，還要包一個紅包給我們這個居中協調的代辦公司，逼他再拿出一筆錢來，我一聽，立刻表明立場，我們沒有收海蟑螂的錢，這擺明就是海蟑螂有心勒索，原屋主只拿了幾萬塊，幾乎都要給海蟑螂了，簡直就是請神容易送神難，最後還是我打了個電話，幫他擺平了他自己招來的海蟑螂，事後想想，真是啼笑皆非。

海蟑螂凶狠嗆聲
碰上代辦點交即縮手

這種事情，真的是屢見不鮮，因為很多被法拍的原屋主，碰到自己上門的海蟑螂毛遂自薦，宣稱能夠海撈一筆，讓原屋主以為沒了房子，還能拿到為數不少的搬遷費，聽到這樣的說法，很多屋主不明就裡，以為真有其事，殊不知這根本是請鬼開藥單，這些海蟑螂一開始話都說的好聽，大家六四分帳，屋主可以拿到六成搬家費，但一旦結束，海蟑螂都會不斷巧立名目，要原屋主拿出更多錢來了事，不然，海蟑螂也會拿對待法拍屋主的技倆，同樣恫嚇原屋主，很多原屋主為了安全脫身，搞不好會付出比拿到更多的費用，實在是有夠倒楣。

對法拍屋主來說，也不用一碰到海蟑螂就縮了，這些人拿錢辦事，只為求財不會傷人，而且他們也很大小眼，如果上門點交的，只是一般民眾，一看就是善良百姓，海蟑螂立刻就會擺出各種兇狠嘴臉，要嚇到法拍客不敢不拿

錢了事,說穿了,就是欺負老實人,如果來的是專業點交代辦,知道我們有人力又懂法令,自然不敢造次。

最近,我幫忙一對夫妻點交一間 200 萬的透天厝,當開始,他們以為自己標到的房子,他們可以自己處理點交,沒料到,一進門,海蟑螂就發狠嗆聲,如果沒有個 50 萬,休想要他們走人,不僅恐嚇他們如果硬要搬進來住,就準備辦喪事!還說要把房子破壞到體無完膚,這對夫妻嚇傻了,馬上打電話求援,海蟑螂一看到我們一大群人出現,態度立刻軟化,表示願意拿 5 萬就撤,態度差異會這麼大,其實擺明就是欺負人!

要死要活最嚇人!　用詞小心勿開口刺激

喊打喊殺的海蟑螂固然可惡,但還有一種要死要活的原屋主更可怕。我就聽過書記官告訴我一個點交案例,原屋主碰上強制執行,情緒完全失控,加上債務積欠已久,經濟壓力沉重,早就覺得人生失去希望,在壓力鍋幾乎完

全爆炸的情況下，原屋主突然從五樓一躍而下，把現場所有點交的相關人等都嚇壞了，這名屋主當場死亡，這樣的場面，真的是我們最不樂見的！

要怎麼判斷屋主的狀況，是不是已經山窮水盡，已經非走上絕路不可了？還是有不少蛛絲馬跡可循。我之前幫客戶點交一間房子，還沒正式敲門，附近的里長就先提醒我，這間屋主是一名 40 多歲的中年女子，她的老公過世，一個人帶著孩子生活，因為日子難過，已經自殺過三次，她的情緒也一直不穩定，里長勸我千萬別激怒她，就怕這名婦人真的會做傻事，甚至死在房子裡，

聽到里長的勸誡，我當然也是憂心忡忡，心中一擲盤算著如何開口，才不會讓場面失控，於是，我一進門，先是好說歹說的勸這名女屋主搬家，但這麼女屋主就如里長所說，立馬大哭大叫，揚言要死在這個房子裡，還大罵法院跟銀行無情，她已經申請破產，為何還要逼她上絕路？她還說，如果要逼她死，她會把先夫的骨灰灑滿在這間房子裡，我一聽，頭皮發麻，想說這房子不但會變凶宅，怨氣還這麼重，哪個人敢搬進來住？

錢能解決的都小事！
聰明斡旋看臉色

但，這名女屋主一邊哭叫，一邊又說，只要給她十萬就走人，聽到這句話，我立馬鬆了一口氣，放下心中大石，因為這個女屋主既然開口要錢，表示她沒有真的想死，我也不用太擔心意外發生了，於是，我人著膽子，拒絕給這筆搬家費，里長馬上上前緩頰，要我不要太過堅持，雙方斡旋多次，又在一陣陣哭鬧喊聲中，從十萬降到五萬，我依然不答應，因為我知道她還有法院分配款近 30 萬可以拿，就是貪心而已，最後到了強點，還叫了社會局的人員當場安排住的地方，最終我花了 2 萬元，就把這名婦人送走，事情有驚無險的解決了！

為什麼我敢這麼大膽？其實，這就是人性，只要是會開口要錢的，對於生命仍有眷顧，還希望生活可以繼續下去，碰上這種人，就不用太害怕，我反而更怕的是另一種狀況，萬一上門點交時，碰上原屋主什麼條件都不談，也

勇敢

沒想要搬家費，一口答應走人，這種人一句不吭，最後更容易出事。

　　我就碰過這種屋主，說好要搬家，卻失聯十多天，時間到了也連絡不上，我嚇到立刻報警，就怕人已經在房子裡出事了，但因為我不是購買的法拍屋主，警察竟不肯理我，當時，我真的嚇出一身冷汗，好在最後電話通了，屋主只是無法接受要搬家，躲起來不肯跟人連絡。說真的，好好的買間法拍屋，最後變成凶宅，誰也不想弄得這麼不可收拾，要安全點交，一定得用點經驗，好聰明斡旋。

專業點交省麻煩
事緩則圓靠經驗

法拍

　　所以做這一行要學會兩種語言，一種是老鼠語、另一種是老虎語，整體來說，碰上黑道，「千萬不要用老鼠的話，去跟老虎談判」，意思就是，既然對方不是善男信女，法拍客也別被壓到抬不起頭，態度要拿出來，不然對方打蛇隨棍上，威脅恫嚇都來，事情只會更麻煩，同樣的「也不要

用老虎的話去跟老鼠談判」，因為這樣，只會讓老鼠認為，完全沒希望，不是發生悲劇，就是促使他去找一隻老虎來跟你對話，根據經驗，只要代辦點交公司一出面，事情就會有所轉圜，就算對方還是不買帳，代辦公司都能沉著以對，做好長期抗戰的準備，一般來說，都可以在幾個月內完成點交！

這道理很簡單，不管是碰到黑道兄弟還是以命威脅的，代辦點交公司的角色，屬於公正第三方，對原屋主相對比較沒那麼刺激，我們還能扮演同情的協調角色，就算碰上兄弟，大家都很清楚對方的角色，知道逞兇鬥狠也不用，溝通起來也比較容易，大家打開天窗說亮話，也不用浪費太多時間，如果你是剛剛入門的法拍客，沒有把握圓滿處理，事緩則圓，事情會簡單許多。

勇敢

法拍漫談

法拍物件，常因前手債務或利益的糾葛，
牽扯黑道複雜的關係。

 佛心來的！碰上可憐人
點交付搬家費送客走

　　這幾年來，不管是幫客戶點交，還是自己買了法拍物件要點交，我碰過無數棘手的狀況，有的海蟑螂窮兇惡極，說不走就不走，有的把房子破壞的體無完膚，實在是慘不忍睹，不過，其實，我最怕碰到，都不是這些惡霸情況，而是一開門，屋主老的老、弱的弱，場面就像連續劇，要我開口趕人，好似我是鄉土劇中的大惡人，這時，該怎麼辦？

住客罹癌慘！
**　　法拍客爽快付 15 萬搬遷費**

　　什麼是法拍屋點交？當我們在拍賣得標並繳交尾款後，法院會發移轉證書給得標人，暨時得標人就可憑移轉

證書，到地政辦理所有權狀，這時就可取得所有權了，哪法院點交是要點交什麼？所謂的「點交」就是點交「使用權」。

　　所以點交，堪稱整個法拍過程中最重要的關鍵，因為標價沒師傅，點交才是真功夫！簡單來說，點交可以區分為兩種，一種是法院背書的「**法院點交屋**」，也就是說法院會依程序完成點交，依現況點交給得標者，這類點交屋幾乎比較沒有大的爭議，不過，就像前一章所說的，這樣的物件競逐者眾，要買得付出更多代價；如果想買的便宜點，當然就買比較麻煩的「**不點交屋**」，這種物件要得標者自己去找屋主點交，萬一找不到屋主，恐怕得自己上門按電鈴，跟裡頭的現有住戶點交，萬一住戶還不是前屋主，又得多費一番功夫。

　　就算要自己上門點交，用錢可以打發的，真的還算事小！幾年前，我幫客人點交一間在高雄茄定的未點交屋，我上門跟屋主點交時，這名屋主態度強硬的說，這房子的鐵窗是他剛裝的，裝潢也花了他不少錢，甚至連鐵窗、鐵門、增建部分，他都一條一條跟我算，當時我實在很傻眼，雖然依據法令，這些屋內固定的物品，應該都屬於拍得者，

勇敢

但像是抽屜這類可移動物品，該屬於誰？在法令上，本來就有模糊空間，當時，屋主開口要 15 萬搬遷費才肯搬家，我一聽，就立刻打槍說不可能，沒想到，回報客戶後，購入房子的法拍客居然一口答應，付錢打發屋主走人，唯一的條件就是一星期內交屋。

原來，這個法拍客是做保險的，而這名獅子大開口的屋主，剛好就是他的客戶，因為這層淵源，購入的法拍客非常清楚知道，這名屋主的經濟狀況不佳，而且已經罹患癌症，病情嚴重，會答應付 15 萬搬遷費，除了彼此是保險員與客戶的關係外，更因為惻隱之心，人皆有之，這位法拍客覺得，就算再花了 15 萬搬遷費，還是比市價便宜許多，又何必為了十多萬趕盡殺絕？

能幫就幫！
逢低買進法拍客 找屋搬家統包付

法拍

聽到這個家庭的狀況後，我登門點交時，也發現這個家庭，除了一對夫婦外，起碼還有兩個小孩，現在頓失家

中最重要的經濟支柱，情況真的有夠慘，眼看這家人的生活，都快要過不下去，這時，還要我狠心的把他們掃地出門，試問，誰下得了手？好在法拍屋主佛心大發，讓我不用為了點交當壞人，還能幫人一把，我也樂得鬆了一口氣，沒想到，狀況又來了。

就在雙方議定，以 15 萬搬遷費達成協議後，當場就付了 7 萬 5 千元並書面切結，表達善意，屋主也答應一星期內搬走，一切看似沒有問題，誰知道就在交屋前兩天，屋主的太太突然打電話給我，說她不願意交屋，要交屋找她先生，接著，不由分說，就把電話掛了，只剩下我丈二金剛摸不著頭緒，看不出來這是演哪招？因為當天簽約議定時，屋主太太人也在，怎麼可能不知情？我立刻回撥電話，這位太太這時才一把鼻涕一把眼淚的說，她先生拿了這 7 萬 5 千元，人就跑出去賭博，一直到現在都沒回家，直到交屋前兩天，才打電話要太太小孩自己處理搬走！

碰上這種情況，我真的是萬分同情，只是，既然屋主收了錢，就算人跑了，實在沒道理不點交給法拍客，於是，我動之以情，跟這位可憐的太太說，我能做的，就是把剩下的尾款 7 萬 5 千元，交到她手上，絕對不會再過她先生

的手，並且再延後幾天交屋，好讓她有時間找房子，可以帶著孩子離開，也有筆錢可以傍身，為了讓她們能安身立命，我也幫她們到處找房子，這件事情才終於落幕。

可憐之人必有可恨之處！
趁機敲詐莫心軟

分享這個故事，是想告訴大家，買法拍屋雖然是便宜搶進，但我們絕對不是黑心客，倘若不是他們的經濟狀況出問題，繳不起房貸，也不至於落得被拍賣的命運，既然被拍賣，就算房子不是我來買，也會有人承接，但我們可以做的，是大家好來好去，碰上這種處境堪憐的屋主，我們也願意盡量幫助，這種搬遷費支出，只要不是碰上地痞流氓無理勒索，法拍客都會酌情付費，小小支出，讓事情能完美落幕。

這樣的案例，我碰過的還真不少，其中，有些人雖然其情可憫，但做法卻會讓人覺得太超過，正是可憐之人，必有可恨之處。我曾經經手一個案例，一樓的投標屋主知

道二樓要拍賣，透過我們代標，並特別交代，絕不能讓債務人知道樓下標的，我代為點交時，二樓大門一開，就看到只有一個老太太帶著孫子，住在這間房子裡，整個屋況只能用家徒四壁來形容，沒什麼家具就算了，僅有的沙發、燈具，都破爛不堪，很難想見，幾乎完全沒有謀生能力的祖孫兩人，如何在這兒度日。

一問之下，才知道老太太的兒子跟媳婦離婚，媳婦跑了，兒子現在監獄服刑，獨留兒子跟老人家相依為命，但，房子的貸款卻無人繳付，幾個月後，房子就被銀行拍賣了，看到這種情況，我只好婉轉得請老太太搬家，還自願出錢讓她們找搬家公司，請他們盡快找合適的房子，我們會幫她支付押金跟首月租金，我滿心以為，這已經是最好的幫忙，殊不知，幾天過後，老太太卻開口，要我付 9 萬元給他們。

法拍將本求利
點交事緩則圓好商量

　　我一聽，差點沒昏倒，這祖孫兩人根本沒什麼家當，就算要找房子，租個小小套房棲身，也花不了多少錢，怎麼可能一開口就要 9 萬元？像這樣的人，雖然可憐，卻讓人很難同情，因為這擺明就是把法拍客的愛心當點心，想白白撈一筆，碰上這種，我會盡量說之以情，讓她們知道，搬遷費用是法拍客的善心，莫要打蛇隨棍上，讓場面變難看，到最後一毛錢都拿不到，這位老太太才心知理虧，識相的拿 3 萬元走人。

　　這就是我常說的，點交不怕遇兄弟，就怕碰上這種哭哭啼啼的可憐場面，只是，說穿了，我們買法拍屋的，也不是什麼壞人，我們之所以會買這種法拍屋，還不是因為有人欠錢還不出來，才想撿便宜，於情於法，都站得住腳，碰上這些堅守在法拍屋內不搬走的，雖然他們不一定是欠錢的人，但，時間到了，事關購屋客的權益，我們要請人

搬走，也是沒有辦法的事，不過，就算要人家搬，多數的法拍客，還是願意讓事緩則圓！

　　只是搬遷費這筆錢要怎麼算？我覺得還是端視法拍客自己的接受度，如果有人很急著搬進去，當然願意多出價，請裡頭的住客快快離開，算一算，加總得標價與合理搬遷費，房子還是遠比市價便宜，能快速又圓滿交屋，是點交的第一法則；此外，我建議，請人搬家的最高指導原則，就是不要被過度敲竹槓，畢竟當初會買法拍屋，就是希望省點錢，如果在最後點交階段，還是被人剝一層皮，豈不是完全本末倒置，有違法拍客的初衷？

法拍漫談

法拍物件的點交，也會碰到當事人身陷窘迫
之遭遇，適時要斟酌情理處置。

7

請神容易送神難
搬遷費算計有一套

　　前幾章，我們談過，當屋主不肯搬家時，法拍客可以花點錢，名為搬遷費，但，這其實只是個名目，簡單的說，就是花點錢，讓屋主心甘情願搬家，不過，這筆錢，該不該給？該怎麼給？這裡頭，可是有不少學問！如果可以不用花錢解決，當然是再好，不過，如果非給不可，我建議，這中間的數字拿捏，一定要錙銖必較仔細盤算，不要還沒賺錢先來個大失血，那可就得不償失了。

早期法拍利潤高
搬遷費約成交價一成

　　要談法拍屋的搬遷費，就不得不從法拍屋的由來說起！其實，幾十年前的法拍屋，真的比現在好賺多了，當

時，礙於法令不完整及法拍資訊不透明，法拍客要取得物件，當時只要市價的五到六折，儘管價錢這麼便宜，但那時候敢碰法拍屋的人，少之又少，這些先驅們真的都是目光獨到、膽大心細，由於這些人一開始買的便宜，當然手筆也不小，他們多數願意花上成交價的一成，換得法拍原屋主快快搬離，好盡快將物件出脫套利，畢竟時間就是金錢。

　　舉例來說，一間法拍入手的高雄老公寓，以 200 萬購入，就算花 20 萬，讓屋主當搬家費，但一旦可以盡快售出，進帳 400 萬，扣掉購屋成本與搬遷費共 220 萬，一來一往，短進短出，現賺 180 萬，試問，誰還在乎那 20 萬的搬遷費？也許有人會說，「20 萬也是錢，古早的法拍客為何要跟錢過不去？」簡單的說，前車之鑑告訴我們，有些屋主就像萬聖節上門的小孩，不給錢就搗蛋，萬一對方就是要點錢，換點房子被法拍後的心理安慰，何必惹麻煩？花錢消災賺更大！

　　就算要給錢，也不能傻傻給，任憑屋主獅子大開口，早期的法拍市場利潤高，搬遷費可以高達成交價的一成，不過，隨著時代變遷，強制執行法的健全及法拍資訊的透

明，市場也有所轉變，法拍屋的價格，大約只有市價的八到九成，利潤空間相對變薄，根據現在的不成文行規，搬遷費是以法拍成交價的 1% 為上限，甚至有的屋主很合作，拿個意思就走人，像我之前成將過一間一千萬的透天厝，我只付了 3 萬多元，賓主盡歡，順利點交。

屋內硬體留下 法拍客可酌情加碼搬遷費

不過，實際狀況總是難以盡如人意，我也碰過獅子大開口的屋主，150 萬得標的物件，居然一開口就要 50 萬搬家費，這樣超過的要求，當然說什麼都不能答應，於是，我立刻扳起面孔，當場表示我不急，可以等，言下之意，就是我打算跟你慢慢磨，因為有些惡劣的屋主，看準法拍客急於交屋的心理，想趁機敲竹槓，這時，法拍客千萬不要慌，要玩大家來玩，一般來說，只要是法院點交的法拍屋，四個月內，必須完成點交，要屋主搬家，既然屋主不肯提早搬，又出天價來為難，法拍客就用時間換取空間，讓刁鑽屋主知道無利可圖，自然就會知難而退。

　　至於 1% 搬遷費這個數字，也不是全然沒有商量空間，舉例來說，我曾經點交過一間房子，裡頭有四台簇新的空調冷氣，價值高達十多萬，當時，我就跟屋主商量，在 1% 的合理搬家費之外，再額外多付四萬元，名義雖然也是搬遷用，但其實是跟原屋主便宜買進冷氣，這道理很簡單，如果屋主把冷氣搬走，我還是得花十多萬買冷氣，與其這樣，還不如直接出價跟屋主購買，因為屋主要跑路，本來就不想搬，如果還能因此賺到四萬，雙方都各蒙其利，何樂不為？除此之外，最常見的狀況，就是房子裡的鐵窗設施，很多屋主會出價要法拍客買，一般來說，願意購買的新屋主不少，道理相同，他如果自己裝設要花十多萬，直接花個幾萬買下，省事又方便，如果要出租或販售，當然利潤空間會更大。

　　這些都是蠅頭小利，我碰過最特殊的案例，就是物件裡，居然有一個價值 150 萬的水晶吊燈，點交時，屋主開價想賣，但一般人怎麼可能願意花這種錢？但屋主已經無處可去，帶著這個吊燈，只是增添自己的麻煩，商量過後，屋主居然答應收個五萬了事，這對法拍新屋主來說，真的是喜出望外，多花一點錢，卻能買到如此超值的附加價值，這對法拍客來說，當然是千載難逢。

玉石俱焚莫退卻
小心斡旋省更大

　　就算沒有實際好處，有些法拍客也願意加碼搬家費的，就是急著快快點交的投資客，舉例來說，倘若交屋後急著馬上出租的，如果一個月可以交屋，就絕對不想等到四個月，以一個月一萬元的房租來說，交屋時間差了三個月，就等於少了三萬元，如果多花一萬，可以請屋主速速搬家，算起來當然還是很划算，畢竟時間就是金錢，只要還在合理利潤範圍之內，也算是聰明交易。

　　只是，碰上屋主開天價搬家費，還是很棘手，法拍客不想給，怎麼辦？這時候，就看談判技巧夠不夠好！舉例來說，我就碰過一個物件，我花了 300 萬買進，但屋主點交時卻說，他剛剛才花了百萬裝潢，要我再出價 50 萬一併買下，否則他不肯搬，我一聽就臉很綠，畢竟 50 萬也不是小錢，我立刻跟屋主表示，這裝潢我不喜歡，事後我甚至還要花錢拆，買了很不划算，屋主質疑我是惺惺作態，最

後還是會保留裝潢，眼看雙方談判就要破裂，我當場使出狠招說，「如果你不相信，可以現場把裝潢敲掉！」此話一出，屋主大吃一驚，最後同意保留裝潢，最後只收 10 萬元。

說穿了，這就是談判技術，我何嘗不想保留裝潢，直接出租或賣出？只是，對方一開口就是 50 萬，我絕對不能示弱，才能讓對方心生膽怯，願意讓價，這樣的案例，在法拍案件中，時有所聞，只有在一來一往的爾虞我詐中，才能有空間得利，不是我教你詐，這些都是基本功課！事實上，我也碰過硬心腸的屋主，要我當場用鐵鎚敲給他看，這種時候，我更是不能退卻，立刻敲毀了部份裝潢，直接用動作說明決心，才不至於被勒索更多搬家費。

軟硬兼施不加價
莫成肥羊被剝皮

硬的招數用完了，還可以用軟的招數猛攻，如果碰上態度軟一點的屋主，我會盡量遊說，跟他說真的沒辦法加了，但如果他肯 1% 拿錢走人，總比法院直上門接點交時，

一毛都拿不到了來得好，要知道這筆錢，法拍客肯給是人情，不肯給，屋主也只能認栽，大家好來好去，拿錢走人，豈不是皆大歡喜？倘若屋主耳根軟，就不會再獅子大開口，事情就簡單多了。

最怕的是法拍屋主自己太心軟，幾年前，我幫忙客戶點交時，就碰過一次，當時，我跟屋主都談好價錢了，到了搬家前夕，法拍屋主想上門看房子，原屋住一見到本尊，當場又哭又鬧，擺明就是想多要一點錢，我當時就覺得情況不妙，誰知道法拍客沉不住氣，看到這種八點檔般的場面，完全招架不住，立馬答應加碼搬家費！雖然說，這是你情我願的結果，但，白白多花這筆錢，仍然算是不智之舉，我建議法拍客，如果已經交給專業處理，要不就別讓苦主碰上，要不就心腸硬一點，別讓自己被當成肥羊，被多宰一層皮。

法拍漫談

搬遷費用付要付得合理，面對佔用人的開口
條件，要能穩定立場。

法院「點交宅」沒麻煩？
碰上奧客也超嗆！

一般來說，經過法院點交程序的房子，通常比較安全，理論上，這類「有點交宅」，至少有法院出面點交，買到這類房子的法拍客，可以安心直接入住，但，事情總是有例外，萬一碰上原屋主刻意找麻煩，不是上門要錢，就是嗆東嗆西的黑道，都還是讓人很頭痛！

法院點交後卻不走
威脅恫嚇嗆聲勒索

我曾經點交過高雄五甲路一間理容院，就碰上非常棘手的狀況，當時，這間物件被法拍屋主標下，而且也是法院有點交的，照理法拍屋主應該可以直接等法院來點交就好，但，原屋主將房子出租給理容院，完全置之不理，原

來的理容院承租人又是八大行業的兄弟，既使完全讓法院來點交，還是難以善了，這讓買到房子的法拍屋主不知如何是好，因為這間理容院的背景複雜，裡頭不是純理髮，還提供特種服務，法拍屋主知道不單純，只好找上我們公司幫忙代標。

根據經驗，我先跟附近的鄰居打聽了一下，有人告訴我，這個理容院老闆雖然是做黑的，但是人還不錯，不會太難溝通，我聽了半信半疑，其實，我們本來就有心理準備，只要對方願意搬走，這間 800 多萬的物件，法拍屋主可以拿出 30 萬搞定，讓事情平安落幕，但我跟同事上門後，表明是幫忙處理事情的代書，卻發現情況更為複雜。

「我們老闆等你們很久了！」門口圍事的兄弟一句話，就先給我們來個下馬威，我強裝鎮定，但店門口三台車，加上店裡頭有十多個兄弟，可以看得出他們早有準備，事情沒這麼好解決，果然，理髮院老闆人一出來，現場立刻殺氣騰騰，他一開口就嗆「你們做生意的，居然沒先打聽清楚？！」老闆說，他們本來就已經想出價標下這間房子，沒想到我手腳更快，讓他們措手不及，一句句兄弟的口氣，就是要讓我們有所畏懼，最後他們還放狠話，要不

然就把房子半價便宜租給他們，否則，800 萬的房子，要法拍屋主用 750 萬賣給他們！

代辦公司扮白臉 來回斡旋化險為夷

這種威脅內容，別說我不買單，法拍屋主怎麼可能接受？於是，第一次的接觸談判，宣告沒有共識，我只好跟同事敗興而歸，但，代辦公司的功用就是解決問題，我深知談判斡旋沒有秘訣，就是一試再試，讓對方感受誠意，於是，我們拿出態度，因為我們不是屋主，而是中間人，每次談判都是幫忙溝通，把雙方的意見帶回來，並取得共識，直到問題解決為止，也因為這種看似中立的角色，這些兄弟們只會虛張聲勢，不至於動手對付我們。

經過幾次的溝通，這位老闆終於開口，要法拍屋主拿出 120 萬解決事情，但屋主的預算只有 30 萬，雙方依然各說各話，來來回回好幾次，他們的陣仗，也從一開始的十幾個人，剩下兩、三人出面，他們也了解，既然話已經

嗆明，我們也清楚他們不是善類，也用不著每次都這麼積極展現實力，談判的劍拔弩張也似乎緩和了下來，老闆甚至跟我聊起天來，他說，本來不想這樣為難法拍屋主，錢還事小，他只是不爽對方沒給他面子，標走他想標的物件，此時，他把搬遷費從 120 萬降到了 50 萬，我也首次感受到了轉機！

就這麼巧，幾天之後，我在一家 PUB 巧遇這個老闆，遠遠看見他跟幾個朋友在一起，我請服務生送了酒過去，他抬起頭看見我，我看出他眼中的善意，沒多久，他主動走過來打招呼，稱讚我很上道，他也很阿沙力的說，願意給我個面子，只要法拍屋主付 35 萬，他們就搬家走人！事情終於圓滿解決，至今，我跟這位老闆都還是朋友，因為大家不但沒有撕破臉，還互相合作愉快，其實，靠的就是不斷上門遊說，他們要的是錢，雙方好好談，兄弟也不想惹麻煩。

點交後雜物末搬？
保留倉庫免惹爭議！

也許你會問，「法院點交過的法拍屋，為什麼還有這種狀況？」這得從法拍的性質說起，因為這些屋主都不是心甘情願交屋，就算願意點交給法院，多少還是心有不甘，有的人搬的匆忙，萬一裡頭的家具電器，或是私人物品沒搬乾淨，事後的問題也不少。

一般來說，法拍客買法拍物件，買到的是房子，不包含裡頭的物品，我就曾經碰過一些法拍客在點交過後，發現屋內還有前屋主的家具，包括沙發、床墊等，但卻找不到人領回的情況，當時，法拍屋主急於入住，又覺得裡頭的東西都十分老舊，甚至嚴重破損，點交的書記官也以為物品不堪使用，所以被拍賣的屋主才沒搬走，殊不知，幾個月後，前屋主卻上門要東西，但東西都丟了，前屋主一怒之下控告書記官及現任屋主，事情鬧得不可收拾。

更可怕的，還有靈異事件！有客戶買過一間「新崛江」的物件，當時，前屋主也是在法院點交後就不見了，說真的，像這些欠錢才不得已法拍的人，很多人為了躲債，都是腳底抹油，能跑多遠就跑多遠，但這個案例超特別，某日，這個前屋主突然神情焦急的現身，要找他之前在屋子裡的東西，原來，他匆忙搬家躲債，連爸媽的神主牌也沒帶走，直到爸媽托夢要他回來，他才想起落下了這麼重要的東西，好在當時屋主有請我們代標，物品都有編碼放進倉庫裡，牌位最後物歸原主。

法律保障點交宅
碰上麻煩好打發

因此，我建議，就算房子已經經過法院點交，還是要買個保險，最好直接接收一間完全的空屋，避免日後發生爭議，如果裡頭還是有東西，千萬不要貪圖一時方便，想說乾脆全部一次都丟光，正確的做法，應該還是要把裡頭的東西，完整保存起來，甚至拍照存證，如果家中沒有地方放這些東西，坊間的法拍代辦公司也有提供服務，出租

倉庫讓法拍客寄物，看似麻煩的動作，卻可以省下日後打官司跑法院的困擾。

說了這麼多例子，有法院點交的法拍屋，好像還是挺危險的，那究竟為什麼還是要買點交過的？整體來說，這些都是不可預期的狀況，不管點不點交，都可能會遇到，但，有法院背書，這些光怪陸離的突發意外，畢竟還是會減少許多，對法拍客來說，仍然相對省力。

此外，就算還是有人找麻煩，未點交宅的搬遷費用，還是比法院已點交宅來得高，依據行情，如果法院點交完成，大約只要付出法拍成交價的 1%，就能把人請走，倘若是未點交的物件，則可能要付成交價 2~3%的費用，才能讓海蟑螂甘願離開，以 500 萬的房子來算，這筆請人搬家的費用，相距可能就高達 5~10 萬，點交宅對新手上路，還是優先首選！

法拍漫談

法拍點交「不動產」，倘若屋內的「動產」
未能處置得宜，恐怕也會惹上麻煩，莫名
掉入破財的陷阱而不自知。

沒人應門更頭疼
小心反被咬一口

前面說了很多點交亂象，一開門，什麼牛鬼蛇神都有，不過，萬一沒人開門，又該怎麼辦？千萬別以為拿了鑰匙就能進屋，事情可沒這麼簡單，我就碰過好幾次驚險場面，讓人嚇到冷汗直流，因為房子沒人更恐怖，這代表屋主仍是一顆不定時的炸彈，隨時可能出來引爆！

屋主發狠焊死門
大聲公喊話斡旋

我曾經點交過一個高雄大寮的案例，我跟協助點交的書記官、司法事務官一到現場，就發現情況不對，用鑰匙打不開門，照說這也不是什麼特殊情況，跟得前往點交的鎖匠，立刻上前開鎖，沒想到，按照正常程序開鎖之後，

門卻還是不動如山，這時，我心知不妙，接著動手搖一搖門，發現這門根本不動如山，原來，大門已經被焊死了，看慣各種點交場面的司法事務官也傻了，完全不知道該如何是好，更妙的是，這時屋裡頭傳出有人走動的聲音，我們一行人，你看我、我看你，面面相覷，「原來，屋主從頭到尾都在屋子裡！」

會發生這麼瞎的事情，得從點交的程序說起。一般來說，正式點交之前，法院會寄出通知給債權人、債務人雙方，再協同書記官、司法事務官，以及會同管區員警和一名鎖匠前往，而債務人在接到通知後，一定會事先知道何時會有人前來點交，這名屋主就是因為事前知情，才會有這種拒絕點交的舉措，他們透過焊接，把大門封死，外面的人就不得其門而入，要執行點交作業的債權人，當然就無法完成點交，債務人出這種怪招留住房子，以為債權人進不了房子，就會放棄點交，等大批點交人馬一走，債務人才會從裡頭開門進出。

說真的，當天，我也是第一次碰到這種局面，但因為我有豐富的點交經驗，我立馬決定用大聲公，跟裡頭的債務人喊話，說起來好笑，這個場面大概只有電影中才會看

到，當警匪對峙，警察要透過大聲公，不斷對裡頭喊著，「我知道裡面有人，你這樣是妨害公務，是犯法的行為！」幾經溝通斡旋，裡頭的屋主態度終於鬆動，沒多久，我終於聽到債務人用大型切割器的聲音，大約十多分鐘之後，大門碰的一聲開了，債務人一開門，當場又哭又鬧，說他們真的無處可去，才會出此下策。

錢能解決的都事小！花錢消災最簡單

這場面，我遇過無數次，說穿了，不過就是求財而已，果然，債務人哭鬧過後，開口要求搬遷費用，雖然對方理虧，但買法拍屋碰到這種情況，我們都會花錢消災，我答應給屋主 3 萬搬家走人，但債務人依然一哭二鬧三上吊，最後還索性下跪苦苦哀求，於是，我開出一口價，花 4 萬要他們走，屋主眼看再鬧也沒用了，只好摸摸鼻子走人，這件事情也因此順利落幕！

　　回想起這段經驗，當場沒人不傻眼，就連長期配合的鎖匠也說，他做了這麼多年，沒見過這麼誇張的屋主，要化解這種僵局，靠的就是經驗，買賣法拍屋就是一門點交的藝術，這裡頭什麼千奇百怪的狀況我沒見過，錢能夠解決的都是小事，只要不惹麻煩的，都算不用擔心的，如果打開門，裡頭還是沒人，後續的爭議才多，萬一門一開，裡頭還有屋主留下的值錢物件，我心中都會暗自叫慘，因為這種情況處理起來，更是要小心翼翼，千萬不要留下任何把柄，替自己惹上麻煩。

　　我就碰過一個物件，法院已排期點交，到了現場，裡面不但有滿滿的衣櫃，還有一個上了鎖的保險箱，這種就是我們法拍客最怕的遺留物，雖然依據法令，我們有權進入，直接點交房屋，但，碰上奧客，事情還是很棘手，當時，我們把這些前屋主物品貼上封條，由司法官造冊後，才算完成點交，書記官也裁定要將物品移地保管，由法拍屋主租一個倉庫，把物品放入貨櫃屋，但一切處理就緒後，麻煩還是來了，前屋主跳出來告我們侵占！

屋主不在自行點交
事後反控侵占惹議

　　這個屋主一口咬定，這個保險箱裡有金錶，他領回之後卻不見了，因此才告我們侵占，也許你會問，「明明一切都按照程序來，為什麼還會有這樣的爭議？」我只能說，法拍屋主都是走投無路的欠債一族，被逼急了，什麼事都做的出來，這也是我們必須承擔的風險，從經驗值來說，我很清楚他絕對告不成，因為整個過程，都有第三公正單位在場，書記官跟司法事務官都是證人，如果他執意提告，甚至可能吃上誣告官司！

　　但，對法拍客來說，時間就是金錢，買進物件就是要賺錢，與其把時間花在跟前屋主纏鬥，還不如盡快脫手套利，因此，碰到這樣的情況，我們通常能花錢解決的，就不會把時間花在打官司上，寧可退一步海闊天空，於是，我先寄出存證信函，並且附上當時的造冊明細，讓屋主知道，再這樣下去，他也沒便宜可佔，

接著趁勢出招，上門協調，像這樣的債務人，通常只是為了求財，我會好說歹說的勸他，如此繼續下去，他也沒有辦法重新開始，希望他們拿了搬家費就走人，這個前屋主自知理虧，最後也只好同意，皆大歡喜，平和落幕。

　　這個錢該怎麼給？我們業界有個不成文規定，端視法拍物件的價值來評定，簡單的說，這筆搬家費的支出，約莫是房價的 3%　，也就是每 100 萬，要花 3 萬請走這個法拍瘟神，不過，這算是可以承受的最上限，一般而言，我們可以用當時的利息比跟屋主談，範圍落在 2%到 3%之間，都在行情之內，這樣的損失，可以被視為法拍的例行支出，不用心疼，因為還是賺得到錢。

有理說不清！無人應門麻煩更大

　　除了這筆搬家費之外，還有一些相關的衍生費用，也千萬不要小覷！像是倉庫保管費用，甚至萬一屋主留下的

東西，沒有人回來認領，就得逕行拍賣，還有來回運費，以及部份拍賣支出要付，如果東西還算值錢，扣除這些衍生費用，剩下的錢，直接充入國庫，雖然麻煩，還不算虧太多；最怕的是，剩下的東西沒價值，就算拍賣出去，也不夠付這些雜支，如此一來，倒楣的就是下一任的法拍屋主，這些損失，通通要由法拍屋的新屋主買單。

　　像這些無人應門的案例，對我們來說，其實比逞兇鬥狠的海蟑螂更麻煩，我會建議大家，一切依照規定來做，該點交的程序，一個都別漏掉，就算事後出了紕漏，也不至於站不住腳，提醒入門法拍客，就算是點交屋，只要看到裡頭有貴重物品，千萬打起十二萬分的精神，該拍照的拍照，要封存的封存，多一分謹慎，絕對會少一分麻煩，寧可防範於未然，也比日後跑法院來得好！

法拍漫談

碰上占有人寧頑抗拒的點交阻礙，
策略運用靈活，得要以智取勝。

10 法拍屋主落跑？
保管物處置靠智慧

　　房子會被法拍的人，誰不是一屁股債？人家的難處，我通常都能體諒，好來好去就算了，但萬一人跑了，後續的麻煩就更多了，這一章要分享的，是最常見的情況，屋主漏夜欠債跑路了，剩下一屋子家當，拍賣到物件的人，真的有夠頭大，這時候，最好找專業的法拍代辦公司幫忙，以免日後徒生爭議，惹上官非，那就更麻煩了。

光怪陸離保管物
棺材神像嚇死人

　　最常見的，就是屋主欠了錢，為了躲債主，根本沒時間收拾細軟，才會簡單帶了幾件衣服就落跑，房子裡的東西，全都好整以暇的放在被拍賣的屋子裡，我們之前談過，

碰上這種狀況，書記官在陪同點交的時候，通常會依一造冊清點，不只品項要寫，連品牌也要詳載，甚至連物件狀況也要註記，以免日後引發爭議，萬一遭法拍的前屋主突然回來，一口咬定丟了東西，雙方也好有個根據，不至於流於各說各話。

一般的保管物，都還算好處理的，真的不用太擔心，我碰過最棘手的，就是一開門，碰到各種光怪陸離的保留物，這種通常事前屋主故意刁難，要讓接手的屋主難看的，像是我碰過前屋主是開葬儀社的，他在點交時，故意避不見面，在客廳放了一座大棺材，新的屋主處理麻煩不說，光看就夠晦氣的，於是趕緊透過管道找到前屋主，好說歹說，花了幾萬搬遷費，請他把東西搬走。

有的人，也不是故意的，但留下的東西，卻讓人賣不掉，也不敢丟，像是我點交過一個物件，門一打開，就是二、三十座的神像，滿坑滿谷的放在房子裡，這樣的保留物，就算放滿三個月，也不會有人買，三個月後，法拍屋主買下，也不敢丟，怎麼辦？這時，我靈機一動，趕緊找朋友幫忙，把這些神像請進認識的神壇裡保管，等到屋主出現，才請他把神像請回去。

連骨灰都亂放！
點交空屋也莫大意

　　不過，這些都還只是虛張聲勢的，我還沒真正被嚇到，上回嚇到我的，是一個疑似精神狀態有些問題的屋主，我們上去點交之前，樓下的管理員已經先低聲警告我們要小心，他說這個屋主很不對勁，平日進進出出，鄰居都怕怕，最經典的是，他居然在代步的腳踏車上貼了衛生棉及一些奇怪的標語趴趴走，我一聽，真的頭都痛了，但，就算如此，我還是得硬著頭皮上門。

　　屋主一開門，我又嚇了一跳，這個屋主帶著一個小孩，牆上用筆劃得亂七八糟，都在罵他跑掉的老婆，連書記官也緊張到躲在我後頭，不斷小聲說，這人真是個瘋子。我心知狀況不好處理，但強裝鎮定，慢慢斡旋，好不容易用搬家費，讓他答應走人，我一心以為事情已經搞定，到了約定點交日當天，樓下的管理員一看到我就說，這個麻

煩的屋主已經打包搬走了，我上去一看，果然大件物品都沒了，只剩下一些凌亂的垃圾，還有一些物品放在樓梯間。

這時，我的同事出去陽台最後檢查，發現外頭有一個保麗龍盒子，沉甸甸的，還湊進鼻子聞了一下，回頭跟我說，不知道是不是什麼重要的東西，但我們最後仍把這個盒子，先放置在電梯口，想說這件案子就此結束，沒想到，一個小時之後，屋主打電話給我道謝，我滿頭霧水，他卻笑嘻嘻的說，有東西忘了拿出來了，放在陽台，還好我有拿出來，那是我跑掉的老婆骨灰，我嚇到差點沒從椅子上摔下來，腦中想起同事剛剛還聞了一下骨灰的味道，我一整個毛骨悚然！

搬家、保管都要錢 無人認領逕行拍賣

從法律上的程序來看，屋主跑了，東西是人家的，終究還是得幫人家保管，但，問題來了，如果拍定的新屋主要自己處理，這一大屋子的東西，該怎麼辦？一般來說，

法拍客如果有找中介的代辦公司幫忙，這類公司通常都有自己的倉庫，他們會幫忙將物品搬到倉庫中保管，從法院通知屋主要點交，到進屋換鎖、搬走物品，甚至到物件無人認領，最後進入拍賣程序，起碼要經過三個月的時間，萬一沒有代辦公司幫忙保管，事情更麻煩，試問，一般人哪來這麼大的倉庫，保管這麼多雜物？就算自己找個倉庫放，一個起碼要花上數千到上萬的費用，三個月下來，光想就夠嗆，這還沒算搬遷這堆雜物，還要找搬家公司，隨隨便便也要花上幾萬元搬家費，買間法拍屋還沒賺錢，就先大失血！

我聽過更慘的例子，就是法拍新屋主不斷連絡前屋主，但，人都跑了，根本找不到人，法拍客為了省錢，這三個月時間，就把房子空在那裏，保留房子內部物件的現狀，等到三個月期滿，東西可以拍賣出去了，才把東西搬出去，但光這三個月的損失，就讓人很不爽，明明可以趕緊出租，或是稍事裝潢一下賣出，為了這些保管物，卻什麼都不能做，又是另一筆損失，因此，我通常會建議大家，盡量請專業法拍代辦公司幫忙，可以省下不少麻煩，雖然還是得花錢，但統包給專業人士處哩，整體花費少一些，也減少自己處理的時間浪費。

但，人都跑了，剩的東西拍賣了，拍賣所得款項如何處理？這就是法院對拍定人的保障，屋主找不到人，保管物拍賣時，拍定人可以用執行點交時所花費的費用抵拍賣價金或申請法院給付，多少彌補拍定人的損失，怕只怕碰到剩下的東西不值錢，最後賣不掉，就得由拍定人自掏腰包買下，好讓這個案子了結，這時，拍定人就可以決定將保留物丟棄或燒毀，房子就算完全點交處理完畢，也許你會問，「這樣買到房子的人，也太倒楣了吧？」我會說，價格相對便宜的法拍屋，要付出的代價，就是這些處理的後續擾人，扣掉這些額外支出的費用，當然還是有利可圖！

保管物件選擇標準 端視書記官決定

至於哪些東西屬於必須保管物？這又是另一門學問，而且因人而異，像是最常有爭議的，就是附屬在物件上的鐵窗，有人會主張這是債權關係建立之後購入的，碰上這種情況，有的書記官會判定可以拆下，或是由拍定人出價跟債務人買下，但有的書記官，看起來破舊的家電、

價俱等可移動的物品，會認定價值不高，僅在點交紀錄中
註記上「破舊物品數量」，未必會要求成為必須保管物。

如果留在房子裡的，是有生命的保管物，又該怎麼
辦？我也點交過一間物件，裡頭什麼都清空了，只剩一隻
鳥在陽台，當天，我跟書記官說，我會帶回去養，但點交
結束之後，我立刻將它放生，這樣的保留物，通常屋主都
跑路了，幾乎是不可能帶走了；我也看過裡頭剩一隻狗的，
本來想把它放生不管，但狗畢竟是人類最好的朋友，我於
心不忍，只好先送去仁愛之家暫時保管，如果屋主真的沒
回還要，再由仁愛之家處置。

最怕的，是無良屋主丟下老父老母，不給奉養金就算
了，連房子都賣，老人家根本無處可去，碰上這種情況，
我們當然無法替他養，只好通知社會局幫忙，看是找個公
共的養護中心，還是由政府幫忙想辦法，畢竟他們也是無
辜的，人生百態，我在法拍的市場，見怪不怪，我會說，
只要心存善念，這些都是小問題，要賺錢，也千萬不要泯
滅良知，該做的，該付的，但求無愧於心！

法拍漫談

點交後，屋內遺留下來的物品，怎麼處置得要
真有一套功夫才行。

Part - 3
不點交的門道

租約、地上權、持分權、合併物
件……更可觀的利潤，藏在您懂
得如何靠法律來幫您排除萬難！

勇敢

11

多人持分難點交？
攻心為上賺更大

　　很多人不買法拍屋，就是怕麻煩，而這一章，我要分享的故事，更是麻煩中的麻煩，就是所謂的「多人持分宅」。這類物件，通常持有的人不只一人，產權相對複雜，最常見的就是長輩過世，將房子均分給所有的子女，這時，若有其中一人因為債務問題，名下房產遭到拍賣，就算產權不只一人，法院也會公告售出，這麼複雜的狀況，別說一般人不敢碰，經驗不足的法拍客也是能閃則閃，少碰為秒，但，真的想賺錢，這種法拍物件算是千載難逢！

產權複雜眾人怕
獨排眾議賺更大

　　我常說，買賣法拍屋這件事，本來就是富貴險中求，膽子太小，想賺錢，當然就沒這麼容易，像這類物件，我碰過不少，大家不想買，就是怕買了產權太複雜，別說自己住了，想脫手都很難，但，換個角度想，人同此心，心同此理，被迫要跟你一起持份的其它屋主，也一定覺得坐立難安，這時，靠的就是談判技巧，對方如果沒錢想賣，趁機殺價搶進，萬一他們想保有古厝，願意出價，也可以趁機拉高價錢，只要掌握個中心理狀況，很多問題都可以迎刃而解。

　　我最近的成交例子，是一間二人持分的物件，因為爸媽過世後，三個兄弟成為房子繼承人，這個三人持分的物件，最後卻因為最小的弟弟不成材，因為信用卡積欠卡債難償，最後法院清查他名下物件，將這間有弟弟名字的物件拿出來拍賣，有趣的是，這個物件的狀況，比我想像的

更為複雜，細問之下，我發現，因為這間房子是弟弟蓋的，所以，土地雖然屬於三兄弟共有，但地上物登記在弟弟名下，這麼特殊的案例，誠屬少見，如果買了，兩個哥哥一定得出來處理！

扣除這個物件只有 1/3 遭到法拍的複雜因素，我當時一看到這個物件，就覺得它的地段不錯，值得投資，加上多人持分，願意出價的人必定不多，於是，我耐住性子，等了又等，終於等到四拍再出價，最後以地上物 100 萬，1/3 土地 50 萬，總價 150 萬標得這個物件，因為沒人要買，我取得的入手價格極低，比起市價便宜不說，我精算了一下，還有近四成的獲利空間，我心知肚明，這個物件一定穩賺不賠，接下來就看怎麼跟另外兩名地主斡旋。

先取得再斡旋
不付房租就逕行拍賣

首先，這兩個哥哥，明知房地將被拍賣，明明有優先承購權，卻一直沒出資承購，很明顯是資金不足，加上我

打聽過後，知道他們目前仍住在這間屋子裡，於是，我可以很合理得跟他們索取應付的租金！我登門拜訪後，兩個哥哥先是怒罵弟弟不成才，連祖產都賣了，但對於付出租金，卻完全無法接受，當場就拒絕付錢，但依法他們卻不能賴帳，於是，幾個月後，我一狀告上法院，法院發出支付命令，最後他們名下 2/3 的土地也遭到查封拍賣。

為什麼會搞成這樣？說穿了，就是這兩個哥哥完全不懂法律，他們不付房租，以為一皮天下無難事，甚至以為就是繼續住在父母留的房子裡，不會有事，殊不知他們欠房租，就得付出代價，倘若他們可以在這段時間內找到買家，可能還有好價錢，但一拖再拖，最後遭到法拍，價錢當然就是一瀉千里，而我因為持有房子與 1/3 的土地，也擁有法拍的優先承購權，這時，我二話不說，立刻出價接手，最後以總價 100 萬，取得剩下的 2/3 的土地。

這個過程，有點像玩拼圖，等取得整個房地產權後，我立刻著手稍事整理，最後以總價 750 萬賣出，賺了多少？算算看！兩次交易我總共付出 250 萬購得，扣掉中間的零星開銷，我還是賺進近 500 萬，這筆交易，真的不是偶然，一切都在我的算計之中，就算當時兩兄弟肯出錢買回房

子，我以 150 萬入手，也可以以 250 萬賣出，短進短出，也算是一筆迅速獲利了結的投資，也尚稱聰明划算。

軟硬兼施先溝通
不怕麻煩報酬高

坦白說，這種物件的風險，相對較高，而我卻偏好這類物件，原因無他，多人持分宅大家都不想碰，因此取得的價錢一定低，光入手的先賺一層，剩下的屋主，因為跟這個物件都有深厚情感，在裡頭大肆破壞的可能性也不高，加上他們也多住在裡頭，我反而不擔心物件被毀損，不過，千萬不要嚴詞恫嚇，把他們逼上梁山，我最怕的就是他們在裡頭要死要活，萬一變成凶宅，買屋好事變壞事，那就真的划不來了。

一般來說，我會先親切的登門，跟他們說我也是不得已，並且跟他們站在同一陣線，適時的跟他們一起數落不成材的家人，害他們無家可住，陷入困境，再取得他們的信任後，盡量勸他們把名下物件賣給我，因為他們通常手

頭都不寬裕，我還會勸他們拿錢走人，還有機會重新開始，大可不必為了這間房子惹上官非，如果他們願意就此了結，我願意花錢購屋外，還可以多給一筆搬家費，讓他們心甘情願走人。

　　這當然是賓主盡歡的做法，但，萬一碰上像這兩兄弟這樣，頑固抵抗，堅持不走，他們甚至一度開出天價，我是生意人，將本求利，怎麼可能接受？既然人家不合作，我也不怕麻煩，因為我有經驗，也懂法律，不怕碰上奧客，加上他們堅決不肯付房租，等到一旦進入法拍流程，我取得的價格更低，只是得花更多時間糾纏，但，要賺錢，就絕對不要怕麻煩！

心臟要夠大顆！
資金充足再入手　獲利 150% 起跳

　　這當中，難道一點風險也沒？當然不是，但我自負心臟夠大顆，任何狀況，我都可以兵來將擋、水來土淹，首先，我要提醒法拍入門者，這種物件幾乎完全無法貸款，

因為產權複雜，銀行也不是省油的燈，因為「佔有原因不明確」，他們也不想碰，如果真的想玩這類法拍物件，口袋一定要夠深，有了完整的資金支持，才能無後顧之憂。

其次，這類物件的產權情況複雜，當然不同於一般法拍屋，通常起碼要花一到兩年來處理，不但要上法院，還要積極跟屋主斡旋談判，整個過程，耗費心力，曠日廢時，對很多怕麻煩的法拍客來說，更是被視為畏途，我之所以樂此不疲，純粹是看上他的利益驚人，以這個物件來說，成本約 250 萬，我賣出 750 萬，賺進 500 萬，投資報酬率起碼要在 150%~200% 之間，才能吸引我花這麼多時間處理棘手物件，平心而論，市面上有什麼投資標的，比這個報酬率還高？

因為利益驚人，這幾年，這種物件翻紅，很多人一看到，就會跟我一樣，眼睛都亮了起來，所以，競爭「多人持分宅」的法拍客越來越多，只要願意花時間、金錢，把複雜的產權整理完成，變成單一持份的單純物件，可以獲利的空間真的是相當吸引人！

法拍漫談

產權持分共有的法拍屋，要有本事與共有人周旋，
多花心思、多費時，相對才可賺更大。

12

物件點交不完全
化險為夷小心機

　　我已經透過好幾章節的故事說明，在法拍屋的買賣中，點交是最難的一門功課，但，這當中的驚險處處，怕是一本書都說不完，前一章，我說的是麻煩的部分點交，這一章，我想跟大家說的，是要耍點小心機的不完全點交！這種物件，其實很常有，最廣為人知的，就是買到部分出租的物件，因為它的租約關係，建立在交屋之前，新的法拍屋主多數只能照單全收，依原有的租約往下走，碰到這類物件，千萬小心停看聽，一個不注意，可能陷入萬丈深淵。

未完全點交宅
出租善意承租人　投資利益更大

　　我曾經點交過不少這類「部分點交宅」，運氣好點的，我碰過某間透天厝，它的一樓租給便利商店，二、三樓屬於屋主自住，因此，二樓以上可以順利點交，直接入住，但是一樓的租約，是前屋主與便利商店訂的，我既然接收，只能依租約而行，想要點交，得等到租約結束為止。不過，這類租客，對法拍客來說，已經算是不幸中的大幸，因為他們屬於「善意承租人」，簡單的說，他們的租金不低，從投資的角度來說，報酬率相對較高，加上他們的規模與信用都不差，要穩定收租，絕對沒有問題，就算不能立即點交，也不用擔心節外生枝。

　　這點「不完全點交」，等於是在一次的法拍買賣中，完成了兩個 case，樓下是帶租約的物件，樓上屬於完全擁有的已點交物件，不管要賣要租，端視新屋主的投資規劃，一般來說，只要願意買進這類部分點交的物件，投標買進

的人心裡都有底，多數人願意照合約續走，不過，也不是每個投資的法拍客都願意慢慢出租套利，有些人喜歡把物件完全收回，碰到已經簽訂租約的情況，急於出售套利的人，會採取斡旋溝通的方式，比如跟承租人討論，能否付出兩個月租金，以換取合約終止，碰上好商量的租客，拿錢了事，一拍兩散，賓主盡歡，但，萬一人家不肯搬，怎麼辦？法拍點交就是一門藝術，有經驗的人，此路不通走別路。

租約超過五年未公證 視同無效 房客須搬離

根據民法第 425 條，「買賣不破租賃」，法律要保護經濟上的弱者，也就是房客，就算房東把房子出售他人，房客原有的租約不受影響，租期還有多久？租金月付多少？都不能改變，只是房東換人而已，得標人成為新房東，如果要求法院強制將房屋點交給得標人，就違反了民法第 425 條，所以拍賣時，法院一定會公告「第三人承租中，拍定後不點交」，而對法院來說，碰到有租約不點交的法

拍屋，不管租約是真是假，既然公告不點交，法院當然不負責交屋，得標的法拍客就得自行與對方協商，或者打官司訴訟解決，這對一般投標法拍客來說，就屬於相對棘手的燙手山芋。

首先，如果是租給像便利商店這樣的租客，它們通常會跟房東打長期合約，因為便利商店要裝潢後才能設點，事前更會做好完整的市場調查，確認這家店有生存空間，才會找房東承租，通常他們的租約，一簽起碼五年以上起跳，根據法院規定，五年以上的租約要生效，一定要經過公證，因此，新的法拍屋主不妨要求承租人提出租約，再伺機看租約簽訂時間，如果超過五年以上，可以進一步確認是否經過公證，倘若沒有公證，機不可失，因為新的法拍屋主可以以租約無效為由，要求承租店家搬家走人！

萬一租約有公證，還有別招，有的租客很鐵齒，採取不合作運動，儘管法拍客無法點交出租的物件，但新屋主仍必須對租客善盡告知義務，讓他們知道房子易主，租金應該繳給新屋主，但萬一經過告知，租客仍然沒繳房租，或是將房租交給原屋主，只要租金沒進袋，新的法拍屋主兩個月後，就能向法院提告，要求租客搬家，很多租客不

明就裡，還以為換了房東，又有租約護身，房租愛繳不繳，此時，新的屋主不妨靜觀其變，時機成熟，就使出殺手鐧，殺租客一個措手不及，如此一來，等於可以合法要求租客搬遷。

惡意房客趁機殺價
切莫心軟依約行

　　這些狀況，當然都是碰上慈眉善目的好租客時，可以使出的招數，我也碰過惡劣的租客，眼見產權轉移，情況混亂，當法拍客上門告知要收房租時，立刻趁機殺價，要求減房租，我就碰過一個的法拍案例，一樓租給便利商店，二、三樓則租給補習班，法拍客花了 2200 萬買整棟物件，但光每月租金收益就高達 18 萬，買進的法拍客當然樂不可支，因為 2200 萬放在銀行，一個月頂多賺 3 萬利息，拿來投資帶租約的法拍屋，每個月進帳卻有 18 萬，投資效益驚人。

　　只是，當時，法拍客才登門，跟便利商店的老闆商量收租細節，承租的老闆立刻裝可憐，不斷嚷著生意不好，希望一個月少個幾萬元，但法拍屋主看了合約，發現他們的租約一訂五年，會這麼乾脆，生意怎麼可能不好，當場拒絕降租，事情才不了了之，既然以合約在先，千萬不要一時心軟，跟自己的荷包過不去，咬定依約行事，一般租客也莫可奈何。

　　以上的案例，都是法拍客還可以簡單處理的狀況，我碰過更棘手的，是屋主知道自己的房子將被法拍，心有不甘之下，很多人會出險招，像我點交過一間四層樓的透天厝，當時，本來應該完全點交的物件，卻因為遭法拍的屋主，提出三樓一間房間的租約，最後法官判定整棟都無法點交，理由是租客必須保有上下通行的空間，一旦點交，無法進出，因此，法院要求這個物件的點交，必須等到租約期滿。

小心！惡劣屋主使奧步 交屋前夕訂租約

當時，我一聽就很傻眼，我立刻到附近跟左鄰右舍打聽，果然，跟我猜的一樣，這個所謂的租客，其實是原屋主不想點交想出的奧步，他找來朋友租屋，不管有沒有真的住，只要有租約在，法拍屋主無法點交，等於讓原屋主等同無形保有使用權，萬一屋主夠狠，租約一訂五年以上，還經過法院公證，買到這樣的物件，真的是欲哭無淚，因此，我強烈建議，要買這類不完全點交物件，相關的租約一定要看仔細，如果屋主存心搞鬼，一定會把租約時間寫在法拍日期之前，房東房客只要套好招，合約做足手腳，法拍屋主根本無計可施。

不過，當時我書狀告訴法院，跟法官說明狀況，最後運氣不錯，法院判定可以部分點交，法拍屋主只需要承認租約即可，一旦可以部分點交，剩下的事情，就是去跟房客斡旋，他們既然出招惡搞，通常就是為了求財，如果是

錢可以解決的問題，都還算小事，我會建議法拍客花錢消災，把事情圓滿解決的就好，千萬不要鬥氣，跟錢過不去。

　　整體而言，不點交的法拍屋，法院沒有交屋責任，不是專業投資客不敢亂碰，而有點交法拍屋，雖然有法院交屋的保障，但長達三、四個司法點交程序，對沒經驗的投標生手，是相當繁瑣的，不過，如果一般法拍物件，可以比市價打個八折，這類不完全點交宅，起碼可以打到六、七折，就因為利潤極高，這幾年，這類物件，還是吸引不少想賺錢的法拍客入場，只是，這類物件難度不低，入手之前，經驗之外，還要三思！

法拍漫談

部分點交物件，公權力介入也有一定的受限，
得標人須自行承受部分的風險。

13 沒人敢碰我偏買！
地上物投資報酬驚人

　　這裡所謂的地上物法拍物件，指的是土地屬於國有，但建物所屬於私人的情形，這類物件，因為沒有土地，在法拍市場中，價格相對便宜，也因為這類物件有屋無地，很多新手法拍客避之唯恐不及，畢竟這類物件的產權不完整，一般自住客不會買，脫手性相對較差，不過，對熟門熟路的老手宅來說，這類物件價格低、地段佳，真的是千載難逢！

**價格低地段佳
法拍老手偏好地上物**

　　這類物件的土地所有權人，通常是縣市政府，或是國有財產局等公家單位，由私人向這些單位承租土地，在上

面興建房舍或建物，再按月付租金，由於地主是公家機關，他們的租金不像私人單位，可以漫天叫價，相較之下，租金也不算太貴，屋主萬一不慎釋出拍賣，實際進入法拍的，只有地上物，法拍客等於直接承接租約，而地上物的價值，當然沒有土地來得高，因此，買這類地上物法拍物件，資金壓力不會太大。

但，這類物件有屋無地，這對一向篤信「有土斯有財」的中國人來說，接受度卻不高，要買這類瑰寶物件，不但要識貨，更要懂得個中「眉角」！幾年前，我經手過一個拍賣物件，被拍賣的是高雄一家知名的餐廳，它的地上物有 238 坪大，地點又位在高雄市區，以附近的行情來說，少說要賣 1,500 萬，但因為這個地，是屬於高雄市政府所有，因此只可以拍賣地上物，當時拍賣的底價約 313 萬，最後被隔壁的知名冰店，以 408 萬標下！

照說，兩家都是知名店家，而且比鄰而居，拍賣點交應該沒有太大問題，殊不知，餐廳老闆一開始就到處告訴鄰居，「千萬不要出價標，不然會惹上麻煩！」原來，他們要等四拍時，以最低價買回，但隔壁冰店的老闆想買，最後還是在三拍時出價購得，這讓餐廳的老闆氣炸了，就在

點交日前,每天都找兄弟坐在店門口,擺明不讓冰店點交就算了,幾個黑衣兄弟日夜坐著,冰店連生意都沒法好好的做。

投資出租賺很大
公家釋出享七折優購

直到點交日那天,餐廳的老闆滿臉不爽,就跟兄弟坐在門口,直接嗆明,除非給 150 萬,不然就要在房子裡大肆破壞,要讓冰店的老闆,就算買了也會後悔,但明明花了 408 萬買了,現在還要再花 150 萬,冰店的老闆怎麼可能答應?後來房子果然搞得亂七八糟,馬桶塞住不說,連牆面也被劃得一蹋糊塗,但冰店老闆早有準備,他們一開始就打算拆掉重建,跟他們原有的店面合併,最後這個案子,還是和平落幕。

只是,冰店老闆為什麼這麼大費周章的非要標下這個物件呢?當時,也一度引發各界討論,首先,要從價格來看,在民國 92 年拍賣時,附近連屋帶地的類似物件,少說

1,500 萬，冰店只花 408 萬，幾乎是近 1/4 的價格，輕輕鬆鬆就可以有更大店面做生意；其次，這個地段是位在高雄的鹽埕區，屬於市區精華地段，是當時房價最高的區域之一，就算要每個月付租金，也因為地主是高雄市政府，地租大約只有市價的 1/5 左右，這筆交易，對開門迎客卻不自己入住的人來說，真的是相對划算，買到賺到！

　　另外一個最大的誘因，更是法拍熟客「不能說的祕密」，萬一政府願意釋出土地，地上物的主人有所謂的「優先承購權」，也就是屋主有權第一個出價購買，而這類國有地的土地價格，比起一般民有的土地，起碼可以便宜三成，而國有地的位置，通常都在市中心的鬧區，可以以相對便宜的地價，優先搶進精華區，何樂而不為？買了這樣的物件，等於先買了一張入場券，只要開放，屋主就可以優先入場。

全額自備長期持有
高報酬率可期

　　這類地上物法拍物件，好康的還不止於此，就算不用來自己作生意，它也算是非常優質的投資標的，舉例來說，幾年前，我有個客戶買了高雄火車站前的法拍地上物，當時，他以近 300 萬購入，但因為地段夠好，他每個月可以有 5 到 6 萬的租金進賬，而且持有越久、賺得越久，雖然這個法拍物件的產權不完整，一般自住客不會想買，但對承租人來說，卻完全不受影響，因為租房子的人根本不會在意產權，這樣的投資，真的是便宜又聰明！

　　不過，買地上物真的百利而無一害嗎？當然不是，首先，有屋無地，的確會有脫手不易的問題，而且想要等價格飆漲，脫手套利，似乎也沒這麼容易，購入這類物件，要不就是投資出租用，要不就像吳炒手一樣，單純拿來佔住優質地段，用來做生意，也就是說，這跟我們之前說過的物件都不太一樣，這類地上物最好長期持有，一面賺投

資報酬率，一面伺機等土地出售，戲棚下站久了，總有你的份，切忌操之過急。

其次，這類物件的產權不完整，一般來說，不會有銀行願意貸款，要標售地上物，口袋一定夠深，要自備全額的資金才有資格進場，換句話說，這類投資，雖然低成本，卻得要負擔高額資金，進場標售之前，一定要先把自己的斤兩算清楚，這個投資的門檻和遊戲規則，真的不是人人玩得起！

投報率 3% 以上可入場　租約條件須看分明

最後，就算要出租賺房租，也要事前打聽行情，基本上，我建議出租年報酬率要訂在 3%左右，低於這個目標，就代表這個物件沒有投資價值，就不要貿然出手，否則，就算便宜入手，無利可圖，還不是白搭？

如果已經有店家正在承租，帶租約買進，也不要高興得太早，別忘了打聽清楚承租者的背景，萬一碰上的不是善意承租人，還是可能會惹上麻煩，後患無窮，我還曾經聽過，承租人的租約一簽十年，在簽約之初，就已經把十年份的租金，一次付給前屋主，當時，承接的法拍客真的是臉都綠了，就算後續可以依法取回，但光是跑法院、打官司，就已經夠嗆，沒賺到錢，先惹一身腥，誰願意惹這種麻煩？

整體來說，這類物件的投資，不但要有錢，還要有耐心，步步為營，才能有機會賺到錢，也因為這個過程太繁複，承擔的風險高，至今還是讓不少入門客視為畏途，不敢貿然嘗試，提醒想大膽進場的人，這類物件數量不多，機會是留給做好準備的人，富貴險中求，一向是法拍客奉為圭臬的鐵律！

法拍漫談

一般人認為不可為的物件,如果看到現實具有
龐大的商機,盤算如何解套,積極出手才能獲
得後手的利益。

14 只標土地不標屋
法拍賺錢險中求

　　一般會去買法拍物件的人，不是想投資，就是想省錢買房間房子，但是萬一標售物件只有土地，卻沒有地上物，能接受的人恐怕不多，不過這個遊戲就是這樣，越是小心保守的人，越是難賺到錢，既然買的是風險較高的法拍屋，頭洗一半了，就不用瞻前顧後，考慮太多。

　　像是這個章節所談只拍賣土地的物件，通常也不是一般的土地，比較常見的案例是農地，取得成本低，轉手卻能賣到好價錢，這樣的投資報酬率，很值得投資客考慮！

昔日僅靠地號
法拍買地 投資客卻步

因為之前的一些新聞事件，現在很多人都知道，農地可以蓋農舍，甚至有為數不少的人暗渡陳倉，把農舍蓋成民宿，或蓋成自住的豪宅，這幾年，農地越來越搶手，甚至開始出現在法拍市場中，它們的價錢，比一般土地更低，投資門檻相對較低，但還是不多投資客想買，為什麼？這得從土地拍賣的限制說起。

一般來說，如果拍賣的標的是房子，就算不得其門而入，無法進入看屋，起碼找得到地方，甚至可以從房子的外觀一窺究竟，但土地就不一樣了，法院只會給有意拍賣的人地號，光靠地號，根本找不到土地的所在位置，如果連看都不能看，要從何判定能不能買？就因為這樣的高度不確定性，讓願意買法拍土地的人少之又少，不過，這真的是法拍賺錢的新方法！

　　其實，熟門熟路的法拍客都知道，要找到地號所在地，也沒是完全沒辦法，我們通常會透過私人管道，找地政事務所的工作人員，要他們下班以後幫忙帶路，讓我們可以先看地再決定出價與否，事成之後，在包個小紅包給他們，大家互蒙其利，事情就搞定了；不過，隨著科技日新月異，現在也不用這麼麻煩了，可以用電腦或智慧型手機知道位置，像是「地籍圖資網」這樣的網站，或有提供法拍案件定位的民間法拍資訊網站，例如：104 法拍網法拍資訊網站，就能定位出正確的土地位置及地形！

眼見為憑親看地
確定價值精確出手

　　先看土地位置，真的很重要！舉例來說，公司曾經在法院看到一塊位在台南的農地，開價 412 萬，一開始，它會吸引公司投資的目光，是因為它所在的地段不錯，於是先用 104 法拍網看了土地周邊位置，端詳了許久，覺得這塊地好像沒有臨路，對土地來說，地段好，卻沒有臨路，也是白搭，而且我們在高雄工作，一時之間，根本分不開

身親自去看，一度考慮放棄，直到有個機會，公司老闆林桑剛好要到台南喝喜酒，當天福至心靈，突然想起這個物件，立刻用去喝喜酒前的空檔，再利用手機上「104 法拍網 APP」找到這塊土地。

看了之後才發現，這塊地不但有臨路，還比我想像的更精華，剛好就在一塊三角窗地帶，買了價值不斐，當時拍賣開價 1.6 萬/坪，我問了幾個附近的仲介，發現周邊行情，可以站上 3 萬/坪，於是公司小加了十萬出標，最後用 1.7 萬/坪，總價 430 萬，成功標下，值得一提的是，竟然無人競標，只有公司一個投標，也就是說，這是一塊沒有人想買的農地。

理由很簡單，除非你就是在地人，誰會想山高水遠，繞去台南看一塊地？沒看，當然不敢貿然進場，因為萬一買到一塊沒臨路的地，價值立刻大貶，一般法拍客寧可小心避險，也不願意白白虧錢，公司看過之後，信心滿滿，果然，七個月之後，公司賣了 700 多萬，一來一往，公司賺進了約 300 萬！

農地、原民保護地 投資獲利逾一半

　　像這樣的農地法拍投資，不只要靠膽大心細，事前的功課一定要做足，舉例來說，如果是民國 88 年之前的舊農地，要蓋農舍，基本上都沒有太大問題，不過萬一是 88 年之後購入的新農地，根據法令規定，一定要持有 2 分半以上，才能蓋農舍，換算下來，現在買的農地，起碼要超過 750 坪以上，才能動工蓋農舍，也就是說，如果你想買法拍土地蓋農舍，千萬要注意權狀上的大小，差之毫釐，失之千里，倘若買了卻不能蓋，真的是徒呼負負，求助無門。

　　幾年前，我姐姐就碰過類似狀況，好在她事前有做功課，於是，有專業人士下指導棋，要她買了之後，千萬別急著過戶，因為一旦過戶，這塊地就算新農地，依她當時買的坪數，當然無法蓋農舍，最後，她跟賣家取得共識，暫時不過戶，再讓前屋主以舊農地的方式，申請蓋農舍，

等到農舍完工，再將整塊農地過戶，如此一來，就沒有新農地無法蓋農舍的問題，而姐姐只花了一筆紅包錢給前地主，就能省下過程中可能衍生的各種麻煩問題，雙方各有好處，當然合作愉快。只是，萬一不想搞得這麼複雜，建議大家在買這類農地時，一定要買兩分半以上，才不會造成買了卻無法蓋屋的困擾！

　　除了農地之外，我之前也處理過原住民保護區的法拍土地問題，基本上，這類土地不能賣給一般人，只能出售給原住民，普通的法拍客就算想碰也碰不成，更遑論從中牟利，不過，幾年前，我看到一個「三地門」的土地法拍物件，上頭已經蓋了美輪美奐的別墅，整整一百多坪，只賣 120 幾萬，這價錢，光看就覺得有賺頭，為了買到這個物件，我花了不少時間，找了一個原住民的人頭幫忙，以原住民的名義標售到手之後，再轉手以 230 萬賣給另一個原住民當民宿經營，但，對我來說，這樣的獲利空間，幾乎是接近一半。

勇敢

臨路與否
大小形狀　決定獲利空間

　　這個手法，是不是似曾相識？沒錯，在奢侈稅剛上路的時候，很多人都會靠人頭幫忙投資，規避被徵奢侈稅，事後補點紅包給人頭，就可以遊走法律邊緣賺錢，同樣的道理，也可以如法泡製！基本上，像是農地、原住民保護地這類物件，都是能賺錢的土地，雖然購買限制都比較多，但要投資，山不轉路轉，還是有方法可循，花個幾萬塊找人頭，可以突破法令限制，賺進上百萬的利潤，這樣的法拍物件，當然是只賺不賠，不過，因為必須點時間鑽研法令，很多人望之卻步，而對願意付出時間心力的投資客來說，這就是一個新藍海。

　　要賺法拍土地財，最重要的，就是要眼見為憑，親自去看過，確定這塊土地有價值，才能入手，臨路與否，決定這塊地的價值，整塊土地的形狀、大小，則攸關這塊地的未來發展空間，只要謹記，賺錢的法拍土地不一定搶手，

千萬不要人云亦云，有時候，別人眼中的垃圾，如何在垃圾中找黃金，最後可以變成賺錢金雞母，只要看準目標、做足功課，沒有不能賺錢的法拍物件！

法拍漫談

　　僅有土地拍賣的案件問題繁雜難解，膽大
再加神通能力，才有辦法抱得獲利。

15

多戶合併拍賣宅
投資客搶進賺頭大

　　「什麼樣的法拍物件最賺？」這個問題，很多法拍入門客問過我，答案當然不會只有一個，心臟夠不夠大顆，絕對是致勝關鍵！這一章，我要跟大家談的特殊物件，也是一般自住客不會考慮的特殊案例---多戶合併拍賣宅，簡單來說，因為這類物件，要標售得一次購買兩戶以上，對自住客來說，就算均價再便宜，高總價的門檻，就會是一大難題，相較之下，手握資金的投資客就更顯有利，因為競爭者不多，自然可以逢低搶進，再依行情價賣出，當然是穩賺不賠！

多戶合併宅成本高　自住卻步均價低

　　所謂的「**多戶合併拍賣宅**」，在法拍市場中不常見，從字面上望文生義，這類物件的戶數不只一戶，而是好幾戶相連且統包拍賣，而它們同屬一個法拍屋主，光用想像的，就不難想見,這類物件為什麼少見，因為這樣的屋主，通常都是資產階級，才能擁有這麼多物件，不是碰上金融風暴，就是生意一敗塗地，才會慘遭如此慘烈的毀滅性法拍！

　　一般來說，會進法拍挑選物件的客層,可以分為兩種，第一種是自住客,他們通常資金有限，而一般房市的價格貴鬆鬆，就因為買不起，他們才轉投法拍市場，希望另闢蹊徑，找到購屋春天;另一種就是老手投資客，他們深諳投資險中求的道理，只有便宜進場，才有利潤可期，對於低價中的低價物件，特別有興趣。這兩者之間的最大差別在資本條件，自住客沒投資客有錢，但自住客不是老手，

只要價錢比市價便宜，他們接受的價格空間相對較大，只要比市價便宜一成以上，自住客都願意進場，而投資客精打細算，每一次交易，都是一次賺錢的機會，價格要低，手握資金的他們，願意投入的成本，絕對遠比自住客來得高，而這類「多戶合併拍賣宅」，就完全符合投資客的效益評估。

首先，這類物件必須統包拍賣，因為被法拍的屋主債務龐大，為了省去相關拍賣衍生費用，法院跟銀行才會將物件統包拍賣，但，試想，一次要買個三、四戶以上的法拍屋，一般法拍客怎麼可能有這種能力？尤其是自住客，買個一間房子都已經捉襟見肘，這類多戶合併拍賣宅的單戶價格再怎麼便宜，恐怕也是看得到卻吃不到，因此，這類物件的客層非常窄，不但要是投資客，手上資金要多，膽量要大、眼光更要好，種種條件限制下，背後隱藏的利潤，當然也更為吸引人。

平均單價低於行情
轉售利潤近一倍

　　要找到這類物件，還真的要點運氣，十幾年前，公司標過在淡江大學附近的一棟公寓大樓一樓，當時，法院一次拍賣三間相連的店面，底價僅 1,900 萬，以當地的行情價來說，真的是物美價廉，只加了 200 萬，以 2,100 萬的標價，就順利得標，這麼輕易到手，說穿了，就是我一開始說的，願意一次買三間店面的資本雄厚法拍客不多，就算覺得再便宜划算，很多人都只能望之興嘆，人家不買的，就是賺錢的機會！

　　其實，公司事前也做過不少功課，才敢進場。以這個物件為例，我一開始就到附近看過地段，沒錯，附近店家林立，加上有學校加持，這樣的店面當然是賺錢金雞母，更重要的是，經過詳細打聽之後，聽說隔壁有一家牛肉麵店的老闆，其實很想出價標售緊鄰他們的其中一間店面，奈何法院規定硬梆梆，因為銀行的債權設定問題，一定要

將三間店面一次包裹賣出，別說這個老闆沒這麼雄厚的資金，就算他有錢買，只想小小拓店的牛肉麵店，買了另外兩個多餘的店面，又該怎麼運用？

於是，知道賺錢的機會來了，公司一次標下三個店面之後，牛肉麵店老闆也立刻上門，公司一口氣開價 1,300 萬要賣，牛肉麵店老闆也很阿莎力，幾乎是當場就決定成交，理由很簡單，對他來說，拓店只要一個店面，公司賣 1,300 萬，也比原本近 1,400 萬左右的行情價來得低，他省得花更多成本，我一間約 700 萬購入的物件，等於一次賺進 600 萬，他省一點，公司賺更大，雙方互蒙其利，而另外兩家店面，也很快有買家上門，不誇張，三間的總成交價 4,000 萬，換言之，扣掉成本，公司賺了 1,900 萬，等於翻賺了一倍利潤！

地段精華最首選
多戶併用彈性靈活

有錢買多戶合併拍賣宅，就一定賺錢？那也不是一定，以剛剛說的店面例子來說，我一定會親自仔細看一次，因為再便宜，地段不好，還是沒有人買，最後萬一套牢，豈不是樂極生悲？因此，人同此心，心同此理，這類物件跟所有房市物件一樣，法拍投資客要買，也一定要買自住客願意買進入住的房子，要有生活與交通機能，只要有人潮匯集，絕對不會錯。

此外，一次買多戶的好處，還不只平均下來相對算便宜，未來房子的利用，更是相對有彈性，比如有人家裡人口多，想買大坪數，也可以靈活運用，比如我就曾經買過相鄰的三間套房合併拍賣宅，後來有買家一口氣買了兩戶，打通之後隔間成為兩房一廳的住宅格局，更適合家庭使用！誠如大家都知道的，套房貸款利率與成數條件較差，隔成兩房之後，不但使用空間變大，連貸款都可以用

正常的條件跟銀行來談，相較之下，通常也可以拿到比較好的條件。

我也曾標過二戶分別拍賣，但鮮的是二戶是打通的，一戶有樓梯，一戶沒樓梯，不如所料，那戶有樓梯的，一堆人搶標！我標的沒樓梯的那戶，卻寥寥無幾，同樣條件只差個樓梯，得標價卻便宜近 2 成，點交後與隔壁共同出資隔牆，再花個幾萬做樓梯，總成本還是比隔壁戶便宜了許多，所以這件事告訴我們，不要只看眼前的方便利益，只要懂得在事後發點心思、時間，可以賺更大。

簡而言之，買這類物件的法拍客，就是贏在比自住客有錢，而投資這檔事，說難聽點，就是比銀彈誰夠足，既然有這樣的資本條件，靠著膽大心細，絕對有機會賺到錢！不過，一般人就不能碰？那也不一定，山不轉路轉，如果懂得個中訣竅的自住客，也可以多找幾個親朋好友合資，一次掛一人的名字買下，然後在標下之後過戶，以剛剛的例子來說，就算會衍生其他的稅金，也不用太在意，因為光買進的成本就低了近一半，這點支出，相較之下，九牛一毛，又何必掛懷？

法拍漫談

合併拍賣的物件，連帶有加成的潛在利潤，
口袋深，一筆就能多賺、多省事！

Part - 4
特殊情形案件

填錯標單、凶宅……還有哪些不
確定的風險和機會？他人寶貴的
經驗案例也是自己未來的財富！

16 法拍標單寫仔細
趨吉避凶照步來

　　買過法拍屋的人都知道，投標之前要先寫標單，不過，新手上路，可別以為這只是個官樣程序，一個不小心，可是會吃上大麻煩！

　　常見的情況，包括有人不懂標單的格式與寫法，小小疏失，錯失賺錢機會；甚至還有投標人太緊張，不小心寫錯標價，一個閃神，我就看過不少投標客弄得一身腥，不但沒買到房子，還可能吃上官司，小小細節沒注意，到嘴的法拍賺錢屋，也許就此跟你說拜拜，到時候真的是氣死驗無傷。

標售類別看仔細
照步填單免錯失

　　「標單上，不是只要寫金額就好嗎？」新手上路，都以為這只是個程序，價高者得，照理來說，不會有太大爭議，不過，實際填標單，還是有很多「眉角」，之前就有一個案例，讓行家跌破眼鏡！誰說沒買過法拍屋，就一定會吃虧？有位林太太，經由查封的銀行人員介紹，知道家對面不遠的地方有一塊地要拍賣，底價 500 萬，這個數字，讓林太太興奮到十來天睡不著覺，因為半年前她才花了 450 萬買了現在住家的土地，但坪數只有這塊地的一半，換算下來，這塊即將標售的法拍土地，只要她當時的半價，不管自用也好，就算出售，轉手起碼可以賺進 2~300 萬，眼見機不可失，她決定出手！

　　只是，當初這塊地不是法拍，只要透過仲介幫忙即可，一個婦道人家要進法院，林太太真的慌張極了，她找上公公婆婆遊說，沒想到不多費口舌，公婆比她更積極，

不斷提醒她，「法院標房子跟標會一樣，要加點錢才能標到！」如果資金不夠，他們倆位老人家可以幫忙，為了不辜負公婆的期望和信任，林太太利用空閒的時間，親自到法院投標室見習了五次，只有國中學歷的她，開完標隨即跑到服務台掛號排隊，不厭其煩的請教值班的書記官，書記官見她這麼認真，也很熱心的解說，林太太才知道，這塊地底價 500 萬，包含土地底價 450 萬，但地上種的檳榔樹，底價也有 50 萬，兩項分別標價，但合併拍賣，兩個都要一起買，不能只買土地，不買檳榔樹。

明明沒要買檳榔樹，還要出價，該怎麼辦？林太太思量再三，她算了算，扣掉買檳榔樹的支出，還是可以賺上 3~400 萬左右，這筆錢，就當做投資必然要付的成本，心痛也沒用！離投標日子只剩三天，林太太已經學會寫投標單，連價格都事先寫好了，經過先前多次的見習，林太太已是胸有成竹，把銀行領出來的保證金支票，背後先簽名背書，放進 550 萬的投標書裡，將名字寫在投標人的欄位，確認沒問題後，將投標書封口釘住，把私章蓋上封口騎縫章，一切準備就緒。

沒想到，結果卻讓林太太大吃一驚……

價高者得？項目填錯成廢標
賺錢機會拱手讓人

法
拍

　　當法官唸到林太太投標的土地，當場大呼「本件土地共有三人投標，得標人ＸＸＸ，得標價錢750萬，有沒有人比這價錢更高的？」林太太聽不到自己的名字，投標的550萬，跟人家一比，更是略遜一籌，這讓林太太的腦海頓時呈現空白，臉色一陣青綠，正當林太太以為沒機會，正要起身離開的時候，案情卻急轉直下，法官突然又大聲詢問得標人，「本件土地底價450萬，地上物檳榔樹底價50萬，你土地部份出價750萬，但投標單怎麼沒有加上檳榔樹的項目？」這時，得標人馬上舉手表示，他只要買土地，不需要檳榔樹，於是，法官臉色一沉，當場大聲宣布，這筆土地的最高價投標人，未依投標公告書寫標單，改由次高標林太太的550萬遞補得標，整間投標室瞬間一片譁然，這番轉折，讓林太太破涕為笑，這筆土地到手，等於宣告賺錢機會到手！

為什麼會有這樣的轉變？這就得從標單的填寫規則說起，法院拍賣之標的物，有的只拍賣建物部份，也有只拍賣土地部份，有的則是建物連同土地一起拍賣，填寫標單時，務必要認清標的類別，方不致估計錯誤而坐失良機，像這名最高標的買家，就是沒像林太太一樣做好功課，以為只要買自己想要的部分就好，才造成失誤，讓交易從眼前錯過。

填寫標單時，不只要填寫清楚標的，標單上的各欄項目均應仔細填寫，通常上頭都會清楚標示出土地、地上物，甚至連增建物也不會漏失；此外，同時核對標單上投標不動產之座落位置，並將標單投入正確標櫃；最後，由於拍賣之前，拍賣公告已訂定各項底價，因此填寫標單時，一定要高於底價或平底價，這張標單才是有效投標單，這些看似簡單的小細節，一個步驟都不能放鬆，不然辛苦出價標售，最後做了白工，真的會活活氣死。

填錯標單可棄標？
法院恐追討到底

　　填寫標單，一定要沉著冷靜，投標之前，切記再三檢查，過去，投標時就常見有人填錯標價，搞得一身腥的慘況，我就看過有入門客投標一個 100 萬的物件，出價 110 萬，誰知道太過緊張，不小心寫成 1,100 萬，想當然爾，一定沒人出他更高，這下事情大條，法官大聲宣布得標，得標人當場嚇出一身冷汗，因為付了訂金 20 萬後，他還得再給 980 萬，但誰肯吃這個傻虧？只是，如果以為可以就此棄標，那可就大錯特錯！

　　以這個案例來說，得標者不願意付尾款，法院就會重新進行投標，倘若此時，真的有人以 110 萬又得標了，法院還是會繼續向第一次的得標人追討 1,100 萬，扣除第二次得標人付的 110 萬，企圖棄標的第一次投標人，仍得付出 990 萬，而原來的訂金 20 萬也得遭到沒收，這樣說來，填錯標單真的無路可走，只能認了嗎？那也不一定。

在法拍市場上，有一個不為人知的解套方式，就是不斷找下一個人頭幫忙以同價競標，同樣在得標付了 20 萬訂金之後棄標，如此一來，前一個棄標的人視同解套，如此不但循環下去，讓法院及銀行不堪其擾，再找銀行出面協商，讓事情能夠解套，以免耽誤處理相關債權問題，這樣的做法聽起來荒謬，卻是誤填標單的人不得不的解套方式，過去在法拍市場上時有所聞。

遇不可抗力意外 照步棄標可解套

寫錯了，還算是人為疏失，萬一碰上不可抗力的意外，導致得標後不願意付尾款，怎麼辦？舉例來說，過去代標的客戶就曾順利得標後，只先付了押標金，尾款還沒清付之前，法拍物件就失火全毀了，這真的是有夠倒楣，但是法拍客已經得標了，等於是已經承諾要買這間房子了，等同是這個房子的準屋主，在法律上來說，不能說不要就不要，只是明知道房子買了就是虧，誰願意白白損失？

　　這時，客戶嚇呆了，一直問我怎麼辦，我告訴客戶不要繳尾款，因為棄標後，法院依法會繼續競標，其他法拍客又不是笨蛋，明知房子燒毀了，當然不會有人出價，四次流標之後，案件就會撤回，房子就不會繼續拍賣，得標的人就等同解套。這樣的狀況不多，但對出錢標售的買家來說，碰上一次就夠嗆了，萬一不懂如何棄標，只能白白認栽蒙受損失，傻當冤大頭！

　　填寫標單看似基本，但小小錯誤，絕對可能讓你賠到灰頭土臉，建議事前一定要做好功課，萬一初入法拍市場，一切懵懂未知，不妨盡量透過代辦公司幫忙，讓風險降到最低，或是多找老手幫幫眼，千萬不要光憑一股傻勁往前衝，最後沒賺錢，賠了夫人又折兵。

勇敢

法拍漫談

謹慎標單內容，以免因細節疏失，讓辛苦
競拍得手的機會意外給飛了！

17

特殊物件拍賣
賺錢與否看仔細

　　法拍市場裡的物件光怪陸離，有點像市場消息的前哨戰，甚至是整個房市的小縮影，要知道景氣好不好？不用考慮，來這看看就知道，想要撿便宜，這裡也像跳蚤市場，但，東西好不好，一定要親自走一趟，睜大眼看清楚，這一章，我要說幾個初學者常常看不懂的案例，這樣案例，有的賺到錢，有的被套牢，端視投資者的眼光夠不夠獨到！

軍方禁建區釋出量少
消息靈通者得

法拍

　　公司曾經有個做代書的客戶李先生，買過一個市場上比較少人知道的物件類型－「紅色禁建區」，乍聽之下，很多人都不明就理，這是什麼物件？簡單的說，這是屬於軍

方所有的軍事禁建區，只拍賣土地，但這類物件釋出稀少，對多數入門法拍客來說，屬於相對陌生的物件類型，不過，它的價格便宜，入手門檻相對較低，十分吸引投資客層，聽起來很完美，要買這類物件，卻不是人人都有本事，需要消息夠靈通，講白了，關係要夠好，才能掌握先機！

因為工作的關係，李代書在桃園代理客戶到法院標購一棟房屋後，即對法拍產生濃厚的興趣，加上他的代書本業，讓李代書對土地買賣自然是十分在行，所以只要有桃園地區的土地拍賣，他都瞭若指掌，消息幾乎是絕不遺漏。就這麼巧，他聽一位朋友提到，軍方已逐漸在釋出禁建土地，近期龍潭一塊土地，很可能也要解禁，更讓人心動的是，1,600 坪甲種建築用地，拍賣持分 3/5，持分坪數 985 坪，附近行情每坪有近 4 萬水準，保守估計，每坪 3.5 萬，總價值超過 3,000 萬，而現在第一次拍賣底價才 390 萬。

這時，李代書心中有個聲音告訴他，「此時不標，更待何時？」只是，李代書很明白，絕不能貿然進場，因為再便宜，萬一買了卻被套牢，當然得不償失，於是，他發揮做代書的人脈，先詳查禁建何時解除，以及行情與銷售期查證，平時廣結善緣的李代書，只花了十多天的時間，得

勇敢

到十分準確的消息，這塊土地，最近剛解禁，每坪如果低於 4 萬，最少有三組建商排隊搶著要！這消息讓李代書為之振奮，他知道如果買到這塊地，一定可以大賺一筆！

共同持有人有優購權
狠出高價才有贏面

法拍

不過，就在這個時候，他發現一個棘手的問題，法院的公告筆錄清楚註明「本件拍賣持分，其它共有人有優先承買權」，換句話說，縱使得標，另外一個持分 2/5 的共有人，只要向法院表明，願意照拍定價格優先承買，他所有努力就會全部化為烏有，這時，他心中很清楚，只有出奇招，才能殺敵制勝。

投標當天，投標室擠滿投標客，寧靜中散發著陣陣肅殺的氣息，李代書毫不猶疑的將投標單投入標櫃，直到開標時，從底價 391 萬、406 萬、416 萬、512 萬、516 萬、再來 596 萬，過程中，李代書都很冷靜的不為所動，直到最後李代書以天價 1,111 萬爆出冷門，眾人都抬頭望著他，

全傻了眼，不敢相信有人會這種價錢，原因很簡單，他看到了這塊土地的未來，如果這時候不肯出價，就是把賺錢的機會拱手讓人，與其如此，不如出奇制勝，寧可現在盡量出價，先拿下這塊土地，總比綁手綁腳不肯出價，眼巴巴錯過來得好！

　　果然，李代書的奇招奏效，共有人看到這個價錢，放棄優先承買權，李代書如願買到 3/5 持分後，又輕易買了共有人 2/5 持分，成功買到完整一塊土地後兩個禮拜，他又隨即以 6,500 萬賣給建商，短短時間，賺進 4,500 萬的利潤！簡單的說，這全憑李代書的消息夠靈通，加上他夠膽大心細，謀略也要夠深，缺一不可，這種罕見物件，一般人當然不一定敢碰，法拍市場很複雜，如果沒做好功課，誤踩地雷的機率也不小，像是有種碰不得的「法定空地」，我就見過有新手上路，不慎踩到的恐怖經歷。

法定空地如公設
價低入手也白搭

　　有個法拍新手張太太，因為看到表哥阿文，靠著進出法院買賣法拍屋，短短幾年，現在財富竟然上億！自己銀行裡的千萬定存，只有死利息，與阿文簡直沒得比，於是，她大著膽子，也想自己玩法拍，但根本沒做過功課的她，看了幾間房子都不滿意，後來，總算找到一個案子，是在仁愛路旁的一塊土地，總計 160 坪，底價 656 萬，張太太只知道在仁愛路附近，連實際位置也不知在那裡，但她聽過附近土地行情後，直覺這一次可以進場，因為光是公告現值，每坪就 10 多萬了，不標太可惜；為了讓老公驚喜，張太太還決定來個「秘密投標」，得標後再向老公邀功討賞！

　　從未上過法院的張太太，帶著 132 萬本票走入投標室，心中想著仁愛路 160 坪的土地，依每坪市價 30 萬打七折，也有 20 萬，總價超過 3,000 萬，現底價只有 656 多萬，

只要標到，後半輩子可舒舒服服過了！第一次寫標單的張太太，巾幗不讓鬚眉，從 656 萬的底價，狠狠往上加了 100 多萬，以 775 萬標價投入標櫃，張太太告訴自己，寧可少賺一點，不可貪心，漏賺了大肥羊。

當唸到拍定人是她那一瞬間，她的一顆心似乎要跳出來，張太太興奮的想著「賺到了，真的賺到了！」，但另一股不祥的感覺直湧上心頭，「奇怪，怎麼只有我一個人投標呢？」這時，旁邊有人才告訴她，「妳那個土地，是法定空地，妳不知道嗎？妳沒有到都市課閱覽嗎？妳沒有到現場去查嗎？」一番話，把剛剛才以為飛上雲霄的張太太，突然跌入無底深淵！

誤入歧途法拍小白兔　　認賠出場當繳學費

原來，這是棟老式四樓建築，因為早期法規所謂的「法定空地」，可以獨立登記在第三人名下，現在的建築是不能如此登記，買到這塊特別的地，有如買到大樓的「公共

設施」，一點用處都沒有。張太太整個嚇到失神，自責為什麼會這麼魯莽托大，連功課都沒做好就出手！

但事情都已經發生了，她回到家裡，一五一十的告訴老公，體貼的張先生知道再多的責難也沒有用，兩夫妻沒經驗，不知後續要如何處理，只得厚著臉皮求助阿文．經過阿文的分析，知道一定是建商鑽法律漏洞，絕對不能繳尾款買下來，為今之計，只能考慮拒繳尾款，繼續讓它被拍賣，到時被標走的價錢，萬一少於張太太原來投標的價錢，只得照差額認賠了。

最後，四個月的等待，終於有人以 537 萬標走，還是一人投標，張太太度日如年，有人來接手，也算不幸中的大幸，當初她以 775 萬得標，扣掉下一個得標人出的 537萬，她得賠上 238 萬，雖然是認賠殺出，也算是解套了，只是代價實在太大，張太太如今是驚弓之鳥，不敢再領教了！這事就是新手沒做功課的代價，特殊的物件，利潤空間看起來都極大，但有的能賺，有的連碰都不該碰，一念之差，可是天堂與地獄的差別，豈能不慎？

用桿

法拍漫談

類似軍方禁建區釋出的特殊機會，維繫消息
靈通人脈，就能穩操勝算。

勇敢

18 自租租客變屋主
聰明法拍進場搶先機

　　進入法拍市場，靠的是眼光，搶的是時間，贏在起跑點上最重要的！這一章，我要跟大家說的，是一個很特殊的案例，這個買法拍物件的，就是住在裡頭的現任租客，因為大家都知道，法拍屋最大的限制是不能看屋，但不看就買，對很多人來說，還是很不放心，而租客就是最了解屋況的人，對於周邊行情狀況，幾乎完全不用做功課，就能了解物件特性與前景，因此，我接觸過不少法拍客戶都是這類住到買屋的案例，幾乎都是穩賺不賠！

房東落跑！
租屋突然遭法拍 成房客承接契機

　　阿胖是一個檳榔攤老闆，結婚快十年了，他有兩個可愛的女兒，檳榔攤生意不錯，在高雄市租了不少騎樓店面，但，租的總不是自己的，地點好一點的，不是租不到，就是租金不便宜，這還不打緊，好不容易生意做起來了，每每租約快到期時，總讓他憂心重重，首先擔心房東眼紅漲房租，如果生意不錯，漲一點房租頂多利潤降低，還勉強可以接受，畢竟好的地點不容易找，最怕的是房東不租了，那多年辛苦經營的心血，都將付之流水，就算再找到一個適合的店面，也要再從頭做起，雖然經營檳榔攤賺了不少錢，幾乎每年一次的租約，是他揮不去的夢魘。

　　直到某天早上，店門前突然來了一部車，讓他有了揮去夢魘的機會！這台車車門漆著「高雄地方法院」，下車的人手裡拿著一疊公文，三、四個人一起走進店面，先到一樓做通訊的店面，幾分鐘後，再到二樓房東家，最後來到

勇敢

阿胖在騎樓下租的小攤位，他這才知道，原來房東的房子被拍賣了，一行人當中的書記官，在詢問完阿胖的租約情形後，讓阿胖在公文上簽了名，隨即打道回府。

從知道查封開始，整整一個多月，阿胖與阿玉幾乎沒一天睡好，因為房東雖然苛刻，但過去十年來，這個小小的騎樓攤位，提供了阿胖一個穩定的收入，每個月少則 5、6 萬，生意好的時候，8 萬都有可能，萬一被人買走，新屋主不再租給他，該怎麼辦？霎時小胖腦筋一片空白，不知如何是好。

租客熟知物件優勢
咬牙買下賺頭大

這時，阿胖想起，前幾年，有人跟房東出過價，雖然是大樓 1~5 樓，不是透天，但地點離火車站不遠，本身大樓住戶又很多，所以人潮不斷，因此房東堅持非 2,000 萬不賣，目前租一樓及地下室通訊行的老闆，月租金 3 萬房租，2 樓以上是屋主自住，阿胖是月租 1 萬 2 的騎樓小攤

位，大家都租了十幾年了，阿胖知道一樓房客他們也會想買，因為這樣的窘況，讓阿胖根本不敢多想，一心只想著多年辛苦經營的心血，即將付之流水，但世事難料，機會總是來得無聲無息。

　　一個月後的下午，阿玉下班回來幫忙看店，她一邊要老公趕緊回家休息，同時不經意看到地上一張小廣告單，上面大大寫著「自立一路賺錢店面，底價 1,185 萬，自備兩成，輕鬆買法拍屋」，短短的幾個字，讓她眼睛都亮了，趕快叫回剛走開攤位的阿胖，「這應該是我們家這棟店面拍賣，明明價錢是 1,482 萬，怎麼變成 1,185 萬，而且法官說七天內要全部繳清，為什麼兩成自備款就可以買呢？」

　　這個問題，讓兩人一頭霧水，阿胖馬上趕回家打開電腦，從網站的拍賣房屋的相片，阿胖確定就是他承租的店面，也從網站的內容，得知該網站是經營法拍屋代標業務，只要房子進入第二拍，價錢就是 1,185 萬，法拍賣家只要自備兩成保證金，該公司會找銀行代墊投標尾款，這個令人振奮的好消息，讓疲憊的阿胖也顧不得休息，十萬火急跑回攤位與阿玉商量，兩人直接打了電話給代標公司約見面。

租客在內視同點交
銀行核貸關卡低

　　與代標人員見面後，阿胖夫妻才知道，他們分析拍賣程序，原來 1,482 萬是第一次拍賣的底價，阿胖夫妻很清楚，二拍底價 1,185 萬，根本不可能買不到，但為了順利得標，並要求代標公司不再發廣告單，他倆暫時 1,185 萬委託，雙方簽了委託契約，如果能得標，阿胖願付 5%服務費請代標公司全程處理。

　　回到家裡，兩夫妻長談一夜，根本無法入睡，他們算了算這筆帳，根據代標公司提供給阿胖夫妻的銀行利息表，1,000 萬分 20 年，每月本金利息約三萬多，加上他們還有自備款 200 萬，如果真的可以從房客變房東，算一算一樓及地下室房租 3 萬，二，三樓各 1 萬少不了，四、五樓還可以留著自己住，加上自己攤位租金 1 萬 2 千，整棟房租利益高達 6 萬多，拿來付銀行利息本金綽綽有餘，等

20 年後還清貸款，本身的房子增值性又高，以後靠這一間店面養老，絕對沒問題！

「如果是這樣，我看第一拍 1,482 萬也能買，為什麼不硬著頭皮買下？」

經過來回幾次跟代標公司的溝通，阿胖信心更是滿滿，因為細問之下，他發現自己有很多優勢，像是他自己是租客，沒人比他更了解這個地段的優勢，樓上樓下的租金，他聊若指掌，如果成功標下，裡頭的利潤條件，他再清楚不過，加上在這裡租了這麼多年，繼續跟人家租，甚至換一個得標人續租，都沒有自己買下來聰明；更重要的，是他一開始非常擔心的貸款問題，也已經被排除，因為根據法拍的慣例，原本七天內要付的貸款，因為阿胖就是租客，所以沒有點交問題，代標公司願意先幫忙代墊，連一般銀行不願意貸款給未點交物件的問題，也不再是阿胖的困擾，因為他是租客，視同可以直接點交，核貸更是沒有問題。

勇敢

膽大心細聰明進場
租約照走利潤可期

最後，阿胖靠著主動出擊做功課，以 1258.9 萬標下物件，而這個物件的市價高達 2000 萬，但兩夫妻不急著賣，因為這個屬於他們的起家厝，未來還有更多賺錢的空間，現在他們只要穩扎穩打，就能坐收租金，下半輩子都不用愁了！

像這個活生生我經手的案例，租客直接買法拍屋物件，在法拍市場時有所聞，但是，很多人都覺的資金不足，只能徒呼負負，眼巴巴看著房東換人，一輩子租屋下去，但，試想，如果房東沒有欠債遭法拍，哪肯降價以求？既然有這樣的機緣，可以把握機會，不妨像阿胖一樣，先精算手頭的資金，將對物件的瞭解，當成有利優勢，甚至是貸款的條件，這可以是一次不錯的法拍處女秀。

用桿

法拍漫談

房東欠債房產遭法拍，房客看準時機拍得變
屋主，現成獲利大！

19 只要心臟夠大顆
搶進法拍凶宅穩賺有招

　　很多人都知道，買凶宅起碼可以比市價便宜兩到三成，因此，不少膽子夠大的購屋客願意大膽去買，不過，卻很少人知道，法拍市場裡的凶宅，更是便宜中的便宜，而這類訊息通常都可以在法拍案件的筆錄中看到，只要敢衝敢買，這類法拍凶宅的價格約只要市價的一半，因此，很受部分投資客喜愛。

　　凶宅如果買下轉手，當然有告知買家的義務，不過如果只是出租，房東無須告知，有的房客也未必在意，買到這類法拍物件，賺在起跑點，日後脫手，還是有無限增值空間！

法拍凶宅僅市價對折
轉手租賣都划算

　　法拍凶宅有多好賺？前一陣子，我接過一個高雄三民區的法拍物件，當時底價約 124.8 萬，筆錄上也清楚寫了是凶宅，而買家明知卻不介意，我當時也很吃驚，因為她是一個媽媽，光想就覺得她不會有興趣，細問之下，我才知道她是個基督徒，根本不畏懼凶宅，最後在我們的建議標價下，以 125.3 萬輕易得標，理由很簡單，拍賣筆錄清楚標示了是凶宅，當然也沒有人出手，等點交時，希望我們幫忙看看裡頭有沒有問題。

　　前往點交前，特地去了香燭店買了一些祭拜用品，當天一到現場，表明我們是新所有權人，管理員就馬上神秘兮兮的告訴我們，這房子是凶宅，當時，一對住在裡頭的情侶，因為細故起了口角，男方一怒之下，痛下殺手，殺了女友，然後在屋裡自殺，經過數個月之後才有人發現，管理員還很不負責任的說，他不跟我們上去，請我們自己

上去，但我們基於職責，不得不上樓，隨行的鎖匠也緊張的很，上了樓，鎖匠看看大門鎖，推了一下，大門卻應聲開了，突如其來的意外，在沒有心理準備下，大夥嚇的退後一大步，原來這段時間以來，這房子根本沒上鎖，更嚇人的是，裡頭的衣物家具，通通都還在，茶几上的煙灰缸，還有男主人抽剩下的煙蒂，定睛一看，煙蒂上還依稀可見斑斑血跡！現場詭異的氣氛，更讓我們毛骨悚然，硬著頭皮，該做的還是要做，拿出準備的香燭紙錢，就在陽台念念有詞的燒了起來，找了清潔公司清理，換了鎖，總算完成這次驚心動魄的點交。

也許你會問，「這樣的房子，怎麼會有人買？」答案很簡單，殺頭的生意有人做，賠錢的生意沒人幹，法拍屋已經比市價便宜約兩成，裡頭為數不多的凶宅，更是便宜到嚇人，這個物件周邊的類似房子，一坪起碼都要 10 萬上下，如果流入法拍市場，也要 8 萬左右，但這個法拍凶宅，一坪卻只賣 5 萬，整整只要一般物件的半價！點交之後，女屋主進住，她以全棟最便宜的價位，買了她原本買不起的房子。

口袋要深！
法拍凶宅風險高　銀行不願代墊

　　我也碰過有法拍買家沒搞清楚狀況，直到得標後，才猛然發現是凶宅的案例，不過，只要是投資客，很多人都願意將錯就錯，前一陣子，有位客戶自己去標了一個鳳山的物件，這個案子的地段，好到沒話說，法拍客不疑有他，開價 375 萬的法拍案件，他一口氣以 430 萬得標，本來以為可以安心入住，自己詢問管理員後，才知道這物件裡頭，曾經有人燒炭自殺，嚇的跑來問我們怎麼辦，我建議法拍客可以不付尾款，讓交易無法完成，後續的責任問題也一一說明，沒想到，他考慮了兩天，就告訴我們，他不在意，願意付法院尾款，請我們幫他完成點交手續。

　　明知這是凶宅，為什麼還願意點交？答案還是一樣，因為價錢便宜，買到賺到，以這個物件的行情來看，市價一坪約落在 11.2 萬上下，他卻能以單坪 8.2 萬入手，已經賺在起跑點，因此，他想過之後，寧可先入手再說。只是，

最後苦的，卻是幫忙我們點交的代辦人員，我們為了壯膽，一行人約六、七個，在門口先倒抽了一口氣，才大著膽子進屋，為了幫法拍買家壯人氣，我們席地而坐，在裡頭大玩了一、兩個小時的撲克牌，如今想來，真的是又可怕又好笑。

不過，如果想要賺這筆凶宅財，也要有所準備，因為在銀行眼中，凶宅屬於瑕疵物件，如果真的要買，除了原本的兩成訂金外，也要準備足夠資金，依據規定，買了法拍屋後，須在一周內補足扣除保證金後的標價款項，多數銀行只願為一般法拍物件代墊，對於凶宅、重大瑕疵或不點交案件，他們多數裹足不前，不願貸墊款，碰上法拍客繳不出法拍尾款這種情況，拍賣視同沒有完成，保證金會依法被沒收，所以，要大膽搶進法拍凶宅，除了膽子要大，口袋也一定要夠深。

拍賣成交才成凶宅
買家只能自認倒楣

　　凶宅的狀況千奇百怪，不過，只要是拍賣之前發生的既成凶宅，法院就有保障的義務，這點就是法拍客最後的保障防線，但，怕的是買了之後才變成凶宅，事情可就複雜多了！千萬不要以為不可能，我就碰過類似情況，很多屋主不願意接受被拍賣的事實，一哭二鬧三上吊的，時有所聞，不過，只要碰上一次弄假成真的，那就真的夠嗆了。

　　曾有認識的法拍投資客買了法拍屋，直到點交當天，請鎖匠打開大門，滿心以為就可以開心入住，誰知一進門就看到有人上吊，三魂七魄差點都嚇飛了，該怎麼辦？這時候，只能自認倒楣，因為這個物件的成交，是在成為凶宅之前，法院無相關責任，投標之前也無從查起，對於買到這類後來凶宅的屋主，我通常只能寄予無限同情，本來以為用市價七~八折買到的法拍屋，經過這次事件，價錢恐怕將慘跌三~四成以上！

　　不過，就算投標前打聽入住狀況，也要小心別問錯人，我也碰過管理員三申五令，勸我不要買這個物件，因為裡頭不乾淨，人同此心，聽到這樣的說法，法拍客當然會心生畏懼，願意繼續出標購買的人，當然相對減少，但到了拍賣當天，我到場一看，原本只想看看情況，沒想到，管理員赫然出現在現場，他就是想出標的法拍買家，他之所以會不斷勸退其他買家，不過只是想自己買下，甚至希望大家不要出價，好讓他低價拍入！

　　除此之外，我也碰過已經親自到法拍屋附近看過屋況，還是誤判情勢的案例，有的被法拍屋主，希望房子不要有人標售，就假裝鄰居，碰到來看環境的有意競標法拍客，就會謊稱物件曾經死過人，我還碰過更誇張的，就在拍賣的房子掛上一個白底紅子的大布條，竟然在上面大刺刺的寫著：「不要來標，來標的全家死光光」，極盡能事的讓大家覺得這個房子問題極多，買了就會惹上一身腥，但其實屋主指只是希望法拍流標，他好在第四拍時便宜買回，也有附近鄰居早就看上這個物件，故意用反廣告的方式，讓物件乏人問津，他好便宜接手，因此，不管是凶宅還是問題宅，建議買這類只能看外觀，不能入內看屋的法拍物件，不要只問一、兩個人，把調查工作做好做仔細，才能避免錯過賺錢的優質物件。

法拍漫談

凶宅的拍賣價格，約僅市價的一半，
出租或售出，仍可賺進大筆財富。

20

就是怕凶宅？
法拍無法看屋 小心誤踩地雷

　　有人只想便宜購屋，不在意買到凶宅，但也有人避之唯恐不及，通常一般物件都會有房仲業者的「履約保證」，買家就算不小心買到凶宅，也有合約護體，那法拍凶宅呢？

　　其實也不用太擔心，基本上，法院在法拍物件公告標售前，多會先行文給當地派出所確認物件狀況，當地警察有義務回覆物件的居住狀況，屋內如果真的曾經發生過非自然死亡的事件，法拍筆錄中可以清楚看到相關紀錄！

法拍瑕疵責任自負 筆錄僅標註部分凶宅

一般人買賣房子，如果一不小心，誤買到凶宅，可以向賣方請求瑕疵擔保，撤銷買賣，還可以返還買賣價金，但法拍屋卻不一定，因為在拍賣公告時，上面都會註明像是「凶宅、海砂屋等拍賣物買受人，就物之瑕疵無擔保請求權，請投標人自行查明，不得於拍定後主張」，換句話說，如果出價標售的法拍客，沒有查清楚，就貿然來投標，就算買到凶宅，也是怨不得人，這樣聽起來，買法拍屋也太沒保障了，一不小心就會誤觸凶宅陷阱？也不盡然！

其實，另一種常見的情況，是執行拍賣的民事執行處，有權行文轄區派出所查詢，書記官有行文警局，且警局在拍賣前有回復凶宅情形，書記官卻未公告，就讓律師抓到法院把柄，就能讓投標人無條件請求撤銷拍賣，退還投標價金。只是，這個確認動作，法院也可以不必做，這不是他們必然要承擔的責任，反正拍賣公告通常會註明「請

投標人自行查明」，這一句話，讓法院承辦人不需承擔任何責任，一切均由投標人自負風險，因此，如果要買個保險，還是最好自己再三確認清楚。

千萬不要心存僥倖，想說自己應該沒有這麼倒楣吧？但，事情就是這樣，萬一你是想買來自住，人同此心，多數人再便宜也不想住凶宅，不小心碰上一次，就夠嗆的了！我有朋友就誤買過一間在左營的凶宅物件，當時，他只看了附近環境，就覺得有利可圖，立刻出價標售，第一拍的底價 402 萬，他心知好物件一定搶手，於是二話不多，就出價 582 萬搶標，因為價錢開的夠高，他成功在 26 個搶標的買家中脫穎而出，順利得標！

書記官知情未標註　拍定人有權拒付尾款

不過，才剛剛得標，卻立刻樂極生悲，投標室有人偷偷告訴他，原始屋主自殺在房子裡面，前後短短不到五分鐘，他的心情如同從雲端瞬間跌落，連在旁委託的代標業

者聽到後，也是一臉錯愕，因為筆錄上沒寫是否為凶宅，他們也沒做最後確認，這筆服務費賺不賺都尷尬，而我可憐的朋友，被告知這間房子是凶宅，這一驚非同小可，但事情已經發生，驚恐也無用，立刻來向我求助，我憑著多年專業經驗，第一步會同律師，以拍定人為當事人身份，向法院聲請閱卷，希望能從中找到蛛絲馬跡，看看還有沒有補救方法。

果然，在三個小時漫長的閱卷中，我很訝異的發現，承辦書記官在拍賣前，曾經行文當地警局，查閱本件有無發生非自然死亡之紀錄，左營分局也函復說有凶宅紀錄，照理這應該註記在拍賣筆錄中，但，書記官在拍賣前，卻來不及重新公告，就連投標當天緊急公告欄，也沒看到刊登停止拍賣，或公告警局函復內容，明顯有職務上的疏忽，我立刻告知好友，事情有了轉機，既然書記官被抓到小辮子，就不用擔心了，拍定人有權拒付尾款。

其實，買了卻不願完成拍賣交易的情況百百種，我們前幾章也談過相關處理方式，不外乎就是放棄訂金，不要續付尾款，讓損失減低到最小，但這個誤買到法拍凶宅的狀況更特殊，錯的是書記官，因此，最後法院只好重新開

標，退回當初的兩成訂金，由法院再以同條件，安排再次拍賣，再拍賣成交的價金，如果不足原拍定金額，兩次差額要由保證金中扣除，保證金不夠扣抵時，法院將會追償投標人財產，標錯房子是要付代價的，不過，比起真的不想買，卻還硬要付尾款了事，這樣還是相對划算一點。

事前細閱筆錄詳打聽
自住標客能閃則閃

　　事情後來的發展，更是出人意表，第一次拍賣，這個43坪的物件，有26人搶標，成交價從底價402萬飆到582萬，事隔一個多月，再次拍賣，卻僅有一人出價，以略高底價1萬4千元，約403萬得標，怎麼會差這麼多？理由很簡單，購買凶宅的前提，就是銀行不會願意代墊貸款，當初的買家未必人人有這麼雄厚的資金，足以自付後續款項，而重新公告拍賣，就很清楚註明警局函復內容，一大票原本競相投標的人，都紛紛踩剎車縮手了，並且心中暗自慶幸上次沒得標，因為幾乎完全沒有人搶標，最後，這

一次讓不在乎買凶宅的投標客，以近乎底價的價格輕易得標，有人可以解套，有人得償所願，真的是皆大歡喜。

　　法拍屋的成交價，之所以會出現遠比市價便宜的超低價，除了點交房屋程序煩瑣外，一般購屋客不敢碰之外，大部份的法拍屋，都無法在投標前看屋，並且強制執行第69條又規定，得標人無「物之瑕疵擔保請求權」，因此，買法拍屋存在相當風險，沒有三兩三，切莫上梁山，投標前沒做足功課，可能就會買到有瑕疵的房子慘遭套牢，其中，凶宅就屬於這類物件。

　　不過，法拍凶宅這類物件，在法拍市場中，算是非常特殊的產品，雖然價格比一般法拍屋便宜，卻不一定人人可以接受，有人愛不釋手，也有人避之唯恐不及，做為一個聰明的投資者，不管你是屬於哪一類，切記要弄清楚你標售的物件情況，首先，法院的筆錄是最重要的根據，出標之前一定要詳讀；萬一擔心有漏失，出現法院也沒搞清楚的狀況，我建議買法拍屋前，最好還是到物件周遭打聽一下，這間房子是否曾經有過非自然死亡事件發生，有了這兩道手續，會讓風險降到最低。

　　判斷是否為凶宅，對謹慎的投資人來說，真的不是難事，有不少蛛絲馬跡可循，尤其，凶宅是很大的事故，技巧性詢問遺產管理人律師、管區警察、大樓管理員或住宅鄰居，專業的投標人絕對可在投標前查出的，像這件公告內容中，標明屋主為「曾 xx 之遺產管理人焦 xx 律師」，就是有凶宅的警訊，為何屋主往生後，家族無人辦理繼承，還讓法院指定律師當遺產管理人，加上從電力公司及自來水公司查詢，本戶早已斷水斷電多時，敏銳的投標人就要追查發生凶宅的可能性，只要多花點心思，弄清楚物件狀況，不管要買還是要閃，才好做出最聰明的判斷！

法拍漫談

凶宅也有風險，詳實閱覽資訊及筆錄細節
觀看端倪，才能避免誤踩地雷。

總編輯／發行人　後記～

　　法拍屋以及購買法拍屋，在以往保守的社會觀念裡，總被灌輸為負面的印象標記，凡是輪落成為法拍的標的或是接觸法拍的人，好像都很「觸眉頭」，令人難以接受，普遍都讓世俗投以異樣的眼光地看待。

　　不過站在金融市場的角度來看，法拍屋單純僅是債權債務擔保責任底下的一個產物，債務人拿不動產抵押向銀行借錢，而當欠款還不了錢，銀行申請強制執行也並不是為了把房子占為私有來給自己住的。那麼透過了法院的拍賣程序，就像這本書第一章文末的「法拍漫談」，作者所描述的：法院其實也是一個合法的房地產交易場所。如果買賣房屋，您的仲介人員是國家司法機構的法官和書記官在為您服務把關，那麼您到底是在擔心什麼？

　　即使這麼說，您一定還是會擔心，因為只要是正常人，一般都會對未知有所恐懼。法拍就是存在著許多的未知數，在它事前現況資訊的「取得」、事後能否實質「擁有」，這些產權之外的變數倘若碰到難解的問題，權利人也無所適從，因此也就很少人會想去接觸法拍市場這個領域。

　　但是透過林副總與慶仔，用他們在法拍市場多年的親身歷練，把各種奇奇怪怪所發生過的法拍故事呈現給大家，相信給予不少對於法拍屋「既好奇，卻又擔心受傷害」的房地產投資人來說，真的是大開眼界了！這些面對法拍前前後後會碰到的各種疑難雜症，只要靠文字就能見習到法拍高手如何解套並且賺得獲利的經驗，等於是將法拍的許多未知恐懼全都解開了，這對於想從事法拍投資的入門生來說，實在是太珍貴了！

　　非常榮幸能夠出版這本有關法拍的房市著作，自身同為房地產講師的我，也常為慶仔 Davis 的〈勇敢.用桿-房地產快樂賺錢〉投資團隊分享市場與金融主題的課程，針對房地產市場的供需，也是影響市場房價的絕對因素，而房價高低，投資進場和出場時機的這個議題，一直是大家所關心和必問的問題。

　　藉此我便提供分享給各位學員以及讀者，如何加以探討法拍對於市場供需的層面？當前我們對於高房價的現象無以為計，公眾都在討伐「空屋」和「囤房」的問題，企望政府提供「合宜住宅」以及社會公共住宅時，卻都忽略了法拍屋的這一塊。

其實法拍屋的這一塊領域對於市場的「住宅存量」也是不容忽略的，因為每一件法院公告拍賣的標的，如果未經由法拍市場的拍定、點交程序，回歸成為房地產市場中的正常物件，處在「查封」當中的標的因為受限制處分，就等於是「死」的物件，因為不管是債權人或債務人就這些標的都沒有「完整」的權利，權利不完整的不動產，不能賣、也沒人敢買，那麼，它和大家所說的「空屋」與「囤房」並沒什麼兩樣！

如果沒有透過法拍，將這些「死」的物件「活」過來，對於金融的債權以及房產的活用不但沒有解決，反而停滯浪費社會的資源虛耗。因此從事法拍的投資，我們更應該要給予正面和積極的態度來看，而協助代拍的業者我們也應該要把它當成是「房地產的醫生」，畢竟要將一個不正常的房產變成正常，前面已經有這麼多的專家都一致推崇，這是多麼不簡單的一項工作啊！

艱難的事情，有本事能夠將它處理解決到好，本來就具有相當的價值，只是這個本事是誰會給予合理的報酬？如果沒有人會給，那麼就是市場機制，低價取得法拍、市價出售得利，這就是大家所知的法拍屋賺錢術，這也是市

場所給予的相當報酬,您若想要賺,就看您有多大的本事?
看您可以在這本書中學會多少?

　　繼《勇敢.用桿-房地產快樂賺錢術》得到市場熱烈的
反應和回饋後,這本《勇敢.用桿-法拍屋快樂賺錢術》用
同樣的敍事型態,帶給您更高階的法拍投資賺錢的智慧,
絕對能讓您的收穫滿載!最後,再次借作者的「法拍漫談」
來結論⋯⋯

　　　　法院其實就是一個合法的房地產交易場所,
　　　　　投資法拍屋是可以賺到錢的。

　　　　　　　　　　　　　　　　　范世華

　　　　　　　　　智庫雲端有限公司　負責人
　　　　　　　好房網專欄名家、房地產金融講師
　　　　《房市房事-搞懂人生財富最大條的事》作者

● 房市全方位之著作發行　　● 創業投資職場課程講座
● 房仲業務內訓課程規劃　　● 多元領域之講師群陣容

智庫雲端 職場、財經、不動產專業出版發行

【房產財庫】叢書書目：

一次滿足您擁有房市最多元齊全的著作發行
集合最多房地產權威、專家與講師的心血結晶
掌握不動產最具影響力的智慧與新知！

場、財經、不動產專業出版發行　*智庫雲端*

職場智庫】叢書書目：

1 關鍵畫題	板硝子◎著	188 元
2 職場修煉了沒	蕭合儀◎著	260 元
3 創業錢圖-創業籌資及股權安排設計	張明義◎著	320 元
4 創業計畫書-創業錢圖(2)	張明義◎著	350 元
5 英語思維大突破	張明義◎著	300 元
6 致青春-我的記者大夢	馨　文◎著	290 元

財經智庫】叢書書目：

1 為什麼？你賺不到我的錢	范世華◎著	250 元
2 年金改革及重分配	洪明束◎著	260 元
3 富人養成計畫-財務藥師林有輝的 4 帖財務改造藥方	林有輝◎著	280 元
4 用想像翻轉明日的台灣-老總的兩岸手札	黃齊元◎著	360 元

化部 藝術新秀(長篇小說)創作：

鵣鵡(一)李伶娟	王要正◎著	380 元

怂遊白書】風格系列：

沒有手機的日子可以怎麼過？(完全手冊)	板硝子◎著	220 元
沒有手機的日子怎麼過？【精裝】	板硝子◎著	250 元
神諭－感恩惜福	板硝子◎著	190 元
絕色無雙－(新版)關鍵畫題	板硝子◎著	250 元

講師、講題、課務、贈書、活動策劃

講師邀約 / 活動洽商 / 團購與優惠訂書，歡迎下列方式與我們連繫：

話：02-2507-3316　　E-mail：tttk591@gmail.com

國家圖書館出版品預行編目(CIP)資料

勇敢.用桿:法拍屋快樂賺錢術 / 林廸重,方耀慶作.--
二版. -- 臺北市 : 智庫雲端, 民109.03
　　面；　公分
ISBN 978-986-97620-2-1(平裝)

1.不動產業 2.拍賣

554.89　　　　　　　　　　　　　109000301

勇敢‧用桿－法拍屋快樂賺錢術

作　　　者　林廸重、方耀慶
出　　　版　智庫雲端有限公司
發 行 人　范世華
封　　　面　傅群雅
地　　　址　104 台北市中山區長安東路 2 段 67 號 4 樓
統一編號　53348851
電　　　話　02-25073316
傳　　　真　02-25073736
E－mail　tttk591@gmail.com

總 經 銷　采舍國際有限公司
地　　　址　235 新北市中和區中山路二段 366 巷 10 號 3 樓
電　　　話　02-82458786 (代表號)
傳　　　真　02-82458718
網　　　址　http://www.silkbook.com
版　　　次　2015 年（民 104）3 月初版一刷
　　　　　　2020 年（民 109）3 月二版一刷
定　　　價　340 元

I S B N　978-986-97620-2-1

法拍屋快樂賺錢術